城市智慧停车系统规划与设计

Planning and Design of Urban Smart Parking Systems

倪训友　陈　倩　孙　健　著

·上海·

图书在版编目（CIP）数据

城市智慧停车系统规划与设计 / 倪训友，陈倩，孙健著. —上海：同济大学出版社，2024.5
　　ISBN 978-7-5765-1188-8

Ⅰ. ①城… Ⅱ. ①倪… ②陈… ③孙… Ⅲ. ①智慧城市－停车场－规划－研究 ②智慧城市－停车场－设计－研究 Ⅳ. ①U491.7

中国国家版本馆 CIP 数据核字(2024)第 110858 号

城市智慧停车系统规划与设计
Planning and Design of Urban Smart Parking Systems

倪训友　陈　倩　孙　健　著

责任编辑：胡晗欣
责任校对：徐逢乔
封面设计：王　翔

出版发行	同济大学出版社　www.tongjipress.com.cn (地址：上海市四平路1239号　邮编：200092　电话：021-65985622)
经　　销	全国各地新华书店、建筑书店、网络书店
排版制作	南京文脉图文设计制作有限公司
印　　刷	江苏凤凰数码印务有限公司
开　　本	787mm×1092mm　1/16
印　　张	7.25
字　　数	107 000
版　　次	2024 年 5 月第 1 版
印　　次	2024 年 5 月第 1 次印刷
书　　号	ISBN 978-7-5765-1188-8
定　　价	45.00 元

版权所有　侵权必究　印装问题　负责调换

前　言

停车难是大中型城市建设发展过程中面临的重要交通问题之一，严重破坏城市总体形象，影响环境及可持续发展。智慧停车系统是解决停车问题的有效途径，可以帮助驾驶员尽快找到拥有可用车位的停车场和提高到达目标停车场时获得可用车位的概率。

本书立足于道路交通发展的前沿问题和新技术新方法应用，尤其契合交通强国建设需要，与移动互联网、人工智能技术的大规模普及应用相适应。针对城市智慧停车系统，本书进行了全方位、多角度、深层次的梳理和回顾，在此基础上提出了停车场选址双层规划模型、停车信息板主要决策点选址优化与差别化发布方法、考虑停车场入口通行能力的比例分配模型及停车机器人两阶段分配模型。本书对于实践智慧城市、智能交通具有现实指导作用，阅读对象为相关专业技术人员、管理人员及高校师生，也可供交通工程、交通运输、城乡规划、公共管理等专业高年级本科生及研究生阅读使用。

全书共分为7章，由倪训友（华东交通大学交通运输工程学院）、陈倩（上海理工大学管理学院）、孙健教授（长安大学未来交通学院）撰写，具体分工如下：第1,2章由倪训友撰写；第3,5章由倪训友、孙健撰写；第4章由陈倩撰写；第6,7章由倪训友、陈倩撰写。

本书得到国家自然科学基金"城市中心区大型停车场分配优化与收费定价方法"（72161012）的资助。感谢世界交通运输大会交叉学科学部智慧停车与新业态技术委员会各位委员的宝贵建议。特别感谢同济大学出版社有限公司同仁们对本书出版的大力支持。

限于著书人员水平，书中难免存在不妥之处，恳请广大读者批评指正。

作　者
2024年2月

目　录

前言

1 绪论 ·· 1
  1.1 主要停车问题 ·· 1
  1.2 基本解决途径 ·· 2
  1.3 研究目标及意义 ··· 3
  1.4 研究内容 ·· 4

2 城市智慧停车系统研究现状 ··· 7
  2.1 停车场选址优化研究现状 ·· 7
  2.2 停车信息板选址优化及发布方法研究现状 ·························· 8
      2.2.1 停车信息板选址优化研究现状 ·································· 8
      2.2.2 停车信息板发布方法研究现状 ·································· 9
  2.3 停车预订系统优化研究现状 ··· 10
      2.3.1 用户最优分配模型 ·· 10
      2.3.2 系统最优分配模型 ·· 11
  2.4 停车机器人系统研究现状 ·· 12

3 城市停车需求及停车场选址优化 ·· 14
  3.1 停车需求预测分析 ··· 14
      3.1.1 停车需求分类 ·· 14
      3.1.2 停车需求影响因素 ·· 15

3.1.3 停车需求预测模型 ·· 15
 3.2 停车场选址优化 ·· 18
  3.2.1 停车场分类 ·· 18
  3.2.2 停车场选址原则 ·· 19
  3.2.3 停车场选址优化思路 ·· 20
  3.2.4 停车场选址双层规划模型 ·· 20
 3.3 停车场选址优化案例 ·· 23

4 城市智慧停车系统及发展趋势 ·· 27
 4.1 智慧停车系统结构分析 ·· 27
 4.2 智慧停车系统种类及特点 ·· 28
 4.3 智慧停车系统发展趋势 ·· 32

5 停车信息板选址优化及动态信息发布方法 ·· 34
 5.1 停车信息板选址优化 ·· 34
  5.1.1 停车诱导效用 ·· 34
  5.1.2 停车流量固定的选址优化模型 ·· 35
  5.1.3 在主要决策点设置停车信息板 ·· 36
 5.2 停车信息板动态信息发布方法 ·· 37
  5.2.1 停车信息过期现象 ·· 39
  5.2.2 非对称发布方法 ·· 40
  5.2.3 停车诱导可靠性 ·· 41
 5.3 基于 Agent 仿真模型的停车信息板选址优化及动态信息发布 ···················· 42
  5.3.1 Agent 仿真框架设计 ·· 42
  5.3.2 寻找主要决策点及所采用的停车场利用率阈值 ·························· 51
 5.4 停车信息板案例分析 ·· 53
  5.4.1 停车信息板选址优化案例 ·· 55
  5.4.2 停车信息板动态信息发布案例 ·· 59

6 面向停车预订系统的停车分配模型 …… 68

6.1 停车流量分配 …… 68
6.1.1 各停车场允许分配的停车流量 …… 68
6.1.2 移动修正法及实用性分析 …… 69

6.2 考虑停车场入口通行能力的比例分配模型 …… 71

6.3 基于 Agent 仿真模型的停车流量分配 …… 73

6.4 面向停车预订系统的停车流量分配案例分析 …… 76

7 停车机器人系统分配模型 …… 81

7.1 停车机器人系统分配建模 …… 81
7.1.1 停车机器人分配问题 …… 81
7.1.2 两阶段分配模型 …… 83

7.2 基于元胞自动机的仿真设计 …… 84
7.2.1 元胞自动机行驶规则 …… 84
7.2.2 元胞自动机仿真流程 …… 87

7.3 停车机器人系统分配优化案例 …… 89

参考文献 …… 96

1 绪 论

随着城市规模大幅增长和人口大量聚集,停车问题已成为大中型城市建设发展面临的主要交通问题之一。城市化迅速发展和机动车数量快速增加直接导致了人们日常出行方式的改变,步行和非机动车出行逐渐被乘坐公共交通和小客车所取代。尽管大中型城市轨道交通网络不断完善,但是小客车出行量占比依然较高。小客车大量使用不仅容易导致大范围交通拥堵现象的产生,也极易造成停车难的问题,给人们日常出行带来极大不便,严重破坏城市总体形象,影响环境及可持续发展。

1.1 主要停车问题

停车问题的根源是停车需求大于供给,这导致驾驶员很难快速找到可用车位,为搜寻可用车位而进行大量的交通绕行,甚至增加一系列违法停车行为[1]。由于早期认知不足,停车场规划建设没有得到足够重视,造成城市停车需求在总体上大于供给。我国大多数城市停车供给与汽车保有量之比没有达到1∶1。以上海市为例,2019年总计拥有412万个车位,小客车保有量为540万辆,因此停车供给与汽车保有量之比仅为0.76[2]。车位在大中型城市中属于紧缺公共资源,尤其在中心城区高峰小时内停车设施往往超负荷运行,甚至处于超饱和状态[3,4]。车位短缺直接导致周边道路交通运行状况恶化,由此产生的绕行交通量占总交通量的25%~40%[5],消耗大量道路资源和化石能源，造成较为严重的交通环境污染[6,7]，危害城市居民身心健康。为搜寻可用车位，驾驶员平均每次多花费七八分钟绕行时间[8]，直接增加了道路交通负荷甚至造成交通拥堵现象，降低了交通网络效率和停车服务满意程度。例如，在美国洛杉矶市，驾驶员为了寻找可用车位，每年产生的绕行距离相当于38次环球旅行，多燃烧4.7万加仑(1加仑＝3.785 412 L)汽油，增加730 t二氧化碳排放[9]。

在城市中心区，停车需求较大导致停车问题尤为突出。城市中心区是以商业、金融及信息服务为主导的区域，具有人流量大、建筑容积率高和土地资源稀缺等特点[10,11]。为了满足停车需求和提高商业活力，在开发建设和后期改造中需要利用有限的土地资源建设一定数量的车位[12]。然而，在城市中心区很难通过大规模新建停车场来增加车位供应：一是因为土地资源稀缺，尽管停车规划在城市规划中的地位非常重要[13,14]，但是早期规划没有预留足够的停车场建设及发展用地[15]；二是因为新建车位费用过高[16]，例如，广州市平均每个车位建设费用超过15万元[17]；三是因为城市停车配建指标较为单一，无法较好地考虑具体区域的区位、停车供需等特点，按照停车配建指标新建的停车场可能利用率较低，甚至长期处于闲置状态；四是因为公共停车场规划建设没有得到相关部门的足够重视[18]，缺乏相关投资、建设和运营等方面的扶持鼓励政策。

在路边停车方面，由于设置路边车位会降低道路通行能力和危害非机动车行车安全，因此能够设置路边车位的道路资源十分有限。此外，为了满足道路通行需求，先前设置的路边车位也面临被取消的困境。例如，上海市浦东新区金桥商业中心早期设置了大量路边车位，但是由于商业中心快速发展和中环路(城市快速路环线)通车等原因，近年来取消了大部分路边车位，造成区域停车问题较为突出。然而，大量增加车位供应，又可能导致小客车频繁使用，这对于动静交通协调和大力倡导公共交通发展极为不利[19]。

1.2 基本解决途径

提高停车收费费率和采用先进的智慧停车系统是解决停车问题的两个基

本途径[20]。提高停车收费费率可以降低城区小客车使用频率,发挥市场机制对停车供需的调节作用[21],从而在一定程度上解决部分热点停车场利用率过高的问题。目前,对制定停车收费费率的相关研究较多,可以通过政府财政补贴或停车运营收益再分配等措施来制定合理的停车收费费率。

采用智慧停车系统可以帮助驾驶员尽快找到拥有可用车位的停车场和提高到达目标停车场时获得可用车位的概率[22,23]。与缺乏智慧停车系统帮助的驾驶员相比,拥有良好停车信息的驾驶员在抵达目标停车场时获得可用车位的概率大幅增加[24]。智慧停车系统是智能交通系统(Intelligent Transportation System,ITS)的重要组成部分[25],其规划、设计、建设和运营吸引了越来越多国内外学者和专业技术人员参与。随着我国ITS的快速发展和大规模推广应用,智慧停车系统在大中型城市(如北京、上海和南京等)得到广泛应用,并且取得了良好效果[26-29]。

近年来,驾驶员可以通过智能手机或车载终端接收实时停车信息,甚至可以在出发前或途中预订车位,从而减少为搜寻可用车位而产生的绕行时间[30-32]。在停车预订系统的帮助下,驾驶员可以直接驶往预订的目标停车场,从而避免产生从饱和停车场至备选停车场的绕行时间[33,34]。未来,随着人工智能和自动驾驶技术的日渐成熟,面向自动驾驶汽车的智慧停车系统将成为大中型城市解决停车问题的主要手段。自动驾驶汽车会将乘客送至目的地,然后自主前往目标停车场。因此,停车场不需要建设在目的地附近,但是也不宜距离目的地所在区域太远,否则,自动驾驶车辆驶往停车场产生的附加交通量极易增加路网负荷。此外,考虑到自动驾驶车辆的行驶和停放是一个排除人类干扰的自主决策过程,停车预订系统特别是停车分配功能将会十分必要,也将会得到更广泛的应用。

1.3 研究目标及意义

本书针对国内外停车场选址优化、停车信息板、停车预订系统及停车机器人系统存在的问题及不足,提出停车场选址双层规划模型、停车信息板选址优化方法、停车信息板差别化发布方法、考虑停车场入口通行能力的比例分配模型，以及适用于停车机器人系统的两阶段分配模型，从而提高城市智慧停车系统实际效果，提升人们对停车服务的满意程度，为城市智慧停车系统发展规划和相关行业政策制定提供底层决策支持。

本书贴近城市道路交通发展前沿问题，契合交通强国建设需要，适应移动互联网、人工智能技术大规模普及应用，具有重要理论意义和实用价值。可以帮助规划和运营人员认识智慧停车系统与停车服务水平之间的关联规律，从而更好地规划、设计、建设和运营城市智慧停车系统，为我国城市停车管理提供理论参考与实践借鉴，提高交通网络运行效率和促进城市健康可持续发展。

从微观角度考虑，可以减少为搜寻可用车位产生的绕行交通量，均衡热点区域内各停车场利用率，提高人们对停车服务的满意程度，增加停车场经营收入。

从宏观角度考虑，可以改善城市交通运行状况，提高交通网络运行效率，降低城市交通环境污染，增加城市商业活力与吸引力，促进城市经济稳健增长，保障城市健康可持续发展。

1.4　研究内容

本书研究内容主要分为5个部分：

（1）停车场选址优化。考虑到城市土地资源的稀缺性，停车场只能从有限的候选位置中进行优选，但现有停车场选址优化模型多是不考虑交通网络的纯数学优化，无法较好地解决城市停车场选址优化问题，也无法将停车需求较好地分布于各停车场。本书构建了城市停车场选址双层规划模型：上层优化目标为行驶时间和步行时间广义成本最小，下层优化目标为考虑停车场容量约束的用户均衡。该模型克服了现有选址优化模型无法同时考虑行驶时间、等待时间、停车收费和步行时间的缺点，能够有效降低广义停车成本。

（2）停车信息板选址优化。现有选址优化模型多假设停车流量固定在路网上,将路网上停车信息板选址优化转化为纯数学优化问题,从而方便进行最优化建模和采用组合优化方法进行求解。然而,单纯依靠组合优化方法给出的优化目标在实际情景中很难达成,主要有两个原因:一是停车流量固定在路网上不符合实际停车状况,没有考虑实际情景中的停车诱导服务造成车流在路网上重新分配;二是没有考虑可用车位搜寻过程,组合优化方法不是交通网络方法,并且无法描述车辆在路网上的动态移动过程。在主要决策点设置停车信息板,可以在实际应用中达到较好的停车诱导效果,本书给出主要决策点空间位置及筛选规则,并且基于Agent仿真模型寻找主要决策点空间位置和记录累计出现次数。

(3) 停车信息板发布方法。由于受网络带宽和计算机处理能力等硬件条件限制,为了降低通信网络和计算机运行负担,早期停车信息板普遍采用周期发布方法。随着电子控制、计算机和通信技术快速发展,实时发布停车信息已经成为现实。然而,从停车信息板所在位置行驶至发布停车信息的停车场需要一定的时间,这导致实时发布的停车信息与到达目标停车场时的停车信息不太一致,这也导致到达目标停车场时获得可用车位的概率较低,进而增加绕行到备选停车场的行驶时间。因此,采用非对称发布方法发布停车信息就显得十分重要。所谓非对称发布方法,就是通过采用一个停车场利用率阈值发布停车信息,为没有接收到目标停车场饱和信息的车辆预留一定数量的车位,从而提高到达目标停车场时获得可用车位的概率。然而,现有相同信息发布方法没有较好地考虑各停车场之间的属性差异,即对所有热点停车场均采用一个相同的利用率阈值,从而导致停车诱导效果没有得到较大增强。本书在相同信息发布方法基础上提出差别化信息发布方法,该方法充分考虑各停车场之间的属性差异,从而可以较好地均衡各停车场的利用率,进而提高到达目标停车场时获得可用车位的概率和人们对停车诱导服务的遵守率。

(4) 面向停车预订系统的停车分配建模。停车预订系统容易将大量停车流量分配到热点停车场,容易增加这些停车场入口处的排队长度和等待时间。现有停车分配模型无法解决停车场入口处拥堵问题:一是因为很难确定停车场入口合适的等待时间成本,即有些停车场入口处积压了很多车辆,但是其停车成本依然较低；二是由于道路交通运行的随机性和停车分配结果反馈的滞后性，无法提前准确预知停车场入口处的拥堵情况。为了解决停车场入口处的拥堵问题，本书提出一种动态修正方法来确定每个停车场的最大允许停车流量。在此基础上，建立考虑停车场入口通行能力的比例分配模型，该模型分配的停车流量与停车场入口通行能力成正比，从而能够减少高峰时期内停车场入口排队长度和等待时间。

（5）停车机器人系统分配模型。停车机器人成为解决停车场内部很难找到可用车位的有效手段。现有分配模型容易低估停车机器人系统的实际效果，也没有反映停车机器人的动态分配及移动过程。为了更加高效地利用停车机器人，本书先将机器人的移动路径分为空驶和满载两种类型，在此基础上，构建旨在降低停车排队长度和等待时间的停车机器人两阶段分配模型。第一阶段旨在使从停车机器人所在位置至目标车辆所在位置之间的空驶时间最小化，第二阶段以车辆所在位置至目的地之间的满载行驶时间最小为目标。然后，采用元胞自动机进行仿真实现，并提出解决停车机器人行驶冲突的优先规则。

2
城市智慧停车系统研究现状

2.1 停车场选址优化研究现状

胡光明[35]构建了多目标选址优化模型,并采用综合对比系数分析法进行求解。崔华芳和王红林[36]在停车场选址中采用渐进优化方法,该方法通过对规划区域重复进行小区划分—停车场选址—方案比较—小区再划分,最终实现规划区域内停车场合理布局的目标。此外,为了避免过多车位造成区域交通拥堵现象,成峰和莫一魁[37]提出了考虑路网容量约束的停车场选址优化模型。

在公共停车场选址优化方面,陈峻等[38]以步行距离最小为目标建立了公共停车场选址优化模型,并且采用遗传算法进行求解。吴素丽等[39]建立了以广义费用最小为目标的公共停车场选址优化模型,旨在实现城市公共停车场合理布局。郭涛和杨涛[40]建立了公共停车场多目标选址优化模型,优化目标分别为步行距离最小、总投资最小和车位数最大。同样,么卫良等[41]以步行距离、广义费用和行驶时间最小为目标,建立了公共停车场多目标选址优化模型。采用交通网络理论方法,夏晓梅等[42]建立了公共停车场选址双层规划模型,上层优化目标为行驶时间最小的用户均衡,下层优化目标为步行时间最小。由于在上层规划模型中没有考虑从停车区域入口至各停车场的行驶时间,可能导致车辆驶向可达性较差的停车场,造成与实际停车状况相违背的情况发生。

现有停车场优化研究,一方面鲜有涉及与停车场选址优化密切相关的停车行为,容易造成理论与实际脱节;另一方面,没有全面分析停车场选址优化对动态交通造成的影响,可能导致车辆驶向可达性较差的停车场。

2.2 停车信息板选址优化及发布方法研究现状

2.2.1 停车信息板选址优化研究现状

黎冬平和陈峻[43]利用最短路径方法得到路网上的停车流量,然后以停车诱导效用最大为目标建立停车信息板选址优化模型。其中,停车诱导效用定义为"接收到有效停车信息的停车流量",即如果停车信息板位于停车流量通向目标停车场的路径上并且不超过其影响范围,则该停车流量收到有效停车信息,并且记入停车诱导效用;否则,没有接收到有效停车信息,不计入停车诱导效用。为了反映停车信息可信度随着行驶时间增长而不断衰减的现象,Zhang等[44]将从停车信息板所在位置至目标停车场之间经过交叉口数量的倒数引入以停车诱导效用最大为目标的选址优化模型,该模型拥有3个约束条件:一是停车信息板总数限制;二是每个停车信息板最多发布3个停车场的停车信息;三是每个停车场至少在1个停车信息板上发布停车信息。Chen和Shi[45]同样假设停车流量固定在路网上,在以停车诱导效用最大为目标的停车信息板选址优化模型中考虑多次诱导现象。该模型有4个约束条件:一是引入多次停车诱导折扣系数,随着停车诱导次数增长,相应权重系数变小;二是所有停车流量至少经过一次诱导;三是每个交叉口上至多设置一个停车信息板;四是相邻交叉口不能都设置停车信息板。其中,第一、第三和第四个约束条件是为了减轻驾驶员处理多个停车信息板上停车信息的负担;第二个约束条件是为了保障所有驾驶员都可以获得动态停车信息。Ji等[46]利用随机用户均衡模型将停车流量分配到路网上,并且以停车诱导效用最大为目标建立停车信息板选址优化模型。其中,停车诱导效用综合考虑了停车流量、车位数量、停车收费以及停车场吸引力。考虑到驾驶员拥有自主停车选择行为，Waterson 等[47]评价了 3 种选址优化方案：在停车场入口处的选址优化方案、在主要决策点的选址优化方案和高密度布局的选址优化方案。结果发现在主要决策点的选址优化方案能够更有效地减少行驶时间，然而，该研究没有给出主要决策点的决策规则或相关技术细节，导致该选址优化方案很难实行。

现有停车信息板选址优化研究多数假设停车流量固定在路网上，没有考虑停车诱导服务造成车流在路网上的重新分配，可能导致其优化目标在实际情景中很难达成。驾驶员在收到目标停车场没有可用车位的信息时，就会重新选择拥有可用车位的备选停车场。一方面，驶向先前目标停车场的路径和驶向备选停车场的路径不太一致，从而造成车流在路网上的重新分配；另一方面，尽管在主要决策点设置停车信息板能够较好地考虑车流重新分配的情况，但是研究中缺乏主要决策点的空间位置及筛选规则。

2.2.2 停车信息板发布方法研究现状

Thompson 等[48]提出确定停车场利用率阈值，并建立一种以排队长度和行驶距离最小为目标的停车信息板显示优化模型，即根据优化目标决定哪些热点停车场采用相同利用率阈值，其余非热点停车场直接实时发布停车信息。考虑到行驶时间更能直接反映道路交通运行状况，Mei 和 Tian[49] 以行驶时间最小为目标研究停车信息板发布方法。此外，Caicedo[50]采用仿真程序验证采用相同利用率阈值的停车信息板发布方法，结果显示该方法可以有效缩短行驶时间。陈峻等[51]提出一种停车信息板差别化发布方法，通过对比不同利用率阈值方案找出行驶时间最小的发布方法。

从停车诱导可靠性角度，Li 等[52]提出一种停车诱导可靠性概念，将其定义为"到达目标停车场时获得可用车位的停车流量与相应总流量之比"，并且提出均衡各停车场利用率来提高停车诱导可靠性，然而，该停车诱导可靠性没有反映从停车信息板所在位置至目标车场之间行驶时间的差异性。Mei 等[53]发现可用车位数量变化和停车信息板发布方法是影响停车诱导可靠性的两个关键因素，然而，该研究没有给出提高停车诱导可靠性的实用方法。

现有停车信息板发布方法多数采用相同利用率阈值，没有较好地考虑不同停车场具有不同属性，特别是没有涉及从停车信息板所在位置至发布停车信息的停车场所需行驶时间的差异性。另外，现有研究只是从总体上评估停车信息发布方法引发的停车可靠性，没有体现具体停车信息板上发布特定停车场停车信息造成的停车诱导可靠性。这样可能会导致停车诱导效果较差，降低停车诱导遵守率，增加车辆绕行行驶时间。

2.3 停车预订系统优化研究现状

2.3.1 用户最优分配模型

面向停车预订系统的分配模型主要分为 2 类：一类是用户最优分配模型，旨在最大限度降低每个用户的停车成本；另一类是系统最优分配模型，该模型从全局角度来优化停车总成本或总收益。用户最优分配模型按照优化目标分为 2 类：一类是为每个驾驶员分配一个费用最低的停车场；另一类是基于用户均衡准则进行车位分配。系统最优分配模型目标分为 3 类：第一类是使停车总成本最小；第二类是使停车运营收益最大；第三类是确定停车场的动态收费费率。Shin 和 Jun[54]建立了为每个驾驶员分配最低成本停车场的用户最优分配模型，结果显示该模型能够提高停车场利用率和减少绕行交通量。通过同时向驾驶员分配最优和次优停车场，Tasseron 和 Martens[55]实现了降低行驶时间并保持步行距离不变的目标。同时，针对普通车辆和智能车辆混合行驶场景，Ni 和 Sun[56]提出了一种用户最优分配模型，并发现智能车辆渗透率增长会增加普通车辆的平均行驶时间。此外，Mei 等[57]建立了用户最优分配模型，并对停车分配和停车收费进行比较分析，发现在停车收费费率较低情况下，停车分配是停车管理的有效手段。如果每个驾驶员都追求最小的交通成本或停车成本，就会在路网上形成用户均衡状态。从用户均衡角度，Yang 等[58]采用动态交通分配方法评估普通车辆和智能车辆混合行驶场景，得出适当比例的智能车辆可以降低停车成本和缓解交通拥堵。在此基础上，Liu

等[59]采用动态交通分配方法研究了停车预订过期问题，发现设置适当的过期时间可以降低停车成本。此外，通过允许驾驶员为晚于预订时间支付额外费用的方法，Wu 等[60]提出了一种灵活的停车分配模型，研究结果表明该模型将使社会总成本得到降低。

2.3.2 系统最优分配模型

与用户最优分配模型不同，系统最优分配模型通常旨在优化停车总成本或运营收益，例如，实现停车总成本最小、停车运营收益最大，制定最优停车收费费率。杨庆芳等[61]以步行费用和停车收费的广义成本最小为目标建立了停车分配模型，并采用整数规划方法进行求解。陈群等[62]以行驶时间和步行时间最少为目标建立了系统最优分配模型，结果显示可以将停车流量均衡地分配至各停车场。Geng 和 Cassandras[63]对广义停车成本最小的系统最优分配模型进行重构，结果表明可以减少行驶时间和提高停车场利用率。基于动态交通分配方法，Levin[64]提出了以行驶时间和步行时间最少为目标的系统最优分配模型。Zou 等[65]提出了一种能保证驾驶员如实报告他们私人信息的系统最优分配模型。Wang 和 Chen[66]提出了一种考虑驾驶员选择行为和车位数量的系统最优分配模型。Chen 等[67]提出了一种旨在消除路外停车场与路内车位冲突的系统最优分配模型。从停车运营收益角度，Teodorovic 和 Lucic[68]以停车运营收益最大为目标建立停车分配模型，并采用整数规划方法进行求解。同样，Shao 等[69]以停车运营收益最大为目标建立共享停车分配模型，并采用降低每个分配区间内的等待分配车辆数的方法来达成模型优化目标。结合系统最优分配模型，Chen 等[70]提出了一种竞价机制来确定合理的停车收费费率。Kotbamir 等[71]提出了一种根据停车场预期利用率的定价方法。此外，利用动态规划方法，Lei 和 Ouyang[72]建立了分配优化和动态定价的双层规划模型。考虑到停车预订请求的随机性，Tian 等[73]提出了以停车运营收益最大为目标的动态定价方法。Hassija 等[74]提出了一种基于自适应定价和虚拟投票算法的系统最优分配模型，旨在降低停车总成本和提高停车运营收益。此外，考虑到停车场入口的通行能力，Xie 等[75]提出了一个以总行驶时间最少为目标的系统最优分配模型。

现有停车分配模型很少涉及停车场入口的通行能力，无法解决停车场入口处的拥堵问题，主要存在以下局限或缺陷：一是很难确定停车场入口合适的等待时间成本，即有些停车场入口处很拥堵，但是其停车成本依然较低。二是除非被重新分配到其他停车场，否则许多车辆可能还是选择继续驶往拥堵停车场，但是重新分配效率较低，特别是当车辆接近或已经抵达目标停车场时。三是由于道路交通运行的随机性和停车分配结果反馈的滞后性，无法提前准确预知停车场入口的拥堵情况。其中，停车分配结果反馈的滞后性是指从做出停车分配决策至车辆到达目标停车场之间存在时间差，这也增加了确定停车场入口处合适等待时间成本的难度。

2.4 停车机器人系统研究现状

对于自动驾驶汽车停车问题，既有研究主要涉及停车场内部车位布局和车辆重新搬运问题。车辆重新搬运是指搬运障碍车辆，为被阻车辆清理出一条可以离开停车场的可行路径。最近研究表明，自动驾驶汽车车位布局优化可以显著提高停车场内部的空间利用率和增加车位总数[76-78]。对于高密度车位方案，车位布局和车位选择优化均可以减少车辆重新搬运次数[79,80]。然而，由于可能危及其他交通参与者（例如行人、自行车及电动车驾乘人员）的安全，自动驾驶汽车尚未投入大规模商业运营[81]。幸运的是，停车机器人已经被用于移动智能仓库中的货架以及搬运停车场中的车辆。为了在仓库中为货架分配存放位置，Weidinger 等[82]以满载行驶距离最短为目标建立了机器人分配模型。然而，该分配模型不适用于停车机器人分配问题，这是由于其只为货架分配存放位置（可以视作为车辆分配车位），缺乏将车辆分配给停车机器人的类似环节。在停车机器人研究方面，Zhang 等[83]建立了为机器人分配车位的优化模型，综合考虑了从停车场入口至目标车位以及从车位至停车场出口的行驶时间、驾驶员在出口等车时间以及停车机器人在移动过程中的临停时间。在高密度车位布局的无人停车场中，Chen 等[84]提出了一种以行驶时间最少为目标的停车机器人分配模型。

现有停车机器人分配模型没有充分考虑从停车机器人所在位置至车辆所在位置之间的空驶时间，以总行驶时间最少为目标可能会造成停车机器人的工作效率较低。此外，停车机器人分配或移动过程没有得到动态反映或评估，其实际效果可能无法达到理论预期。

3 城市停车需求及停车场选址优化

3.1 停车需求预测分析

停车需求预测是停车规划的重要内容,是停车场选址优化的基础,其准确性直接决定了实际应用效果。通过停车需求预测,可以得到区域停车需求量,能够更好地进行停车场选址优化和相关政策制定。

3.1.1 停车需求分类

停车需求是指车辆在停车场所中停放的需求。总体上,停车需求分为两类:基本停车需求和社会停车需求[85]。

(1) 基本停车需求:指拥有车辆而引起的停车需求,也称为夜间停车需求,主要是居民和单位夜间停放车辆的需求。基本停车需求应该与机动车保有量保持一致,主要由住宅和公共建筑的配建车位来满足,公共停车场和路边车位起到补充作用。

(2) 社会停车需求:指为了完成通勤、休闲和娱乐等出行活动而产生的停车需求,是日间停车需求的主要组成部分。社会停车需求与人们日常活动密切有关,主要由公共停车场和对外开放的配建停车场来满足,路边车位起到补充作用。

3.1.2 停车需求影响因素

城市停车需求是伴随车辆拥有及使用而产生的,主要影响因素如下。

(1) 城市人口。城市人口往往决定了城市规模的大小,一个城市的人口数量越多,交通出行量就越大,停车需求也就越大。美国联邦公路局的调查结果显示:超过百万人口的城市停车需求量是 50 万~100 万人口城市的 1.8 倍,是 25 万~50 万人口城市的 2.2 倍,是 10 万~25 万人口城市的 5.8 倍。

(2) 经济发展状况。一方面,经济水平往往决定了人们的主要出行方式;另一方面,经济水平也影响人们出行的频繁程度,城市经济水平越高,人们出行次数也会相应增加,城市停车需求随之增大。

(3) 土地利用。一方面,车辆停放特征与土地使用密切相关,土地使用方式往往决定着停车目的、停车时长和停车需求时空分布;另一方面,土地使用方式和使用状况共同决定了交通量的大小,不同的土地使用方式对交通吸引的强度不同,土地开发利用强度大的地方停车需求也相对较大。

(4) 机动车保有量。机动车保有量增长是停车需求增长的主要因素。

(5) 交通政策。交通政策对停车需求具有调节作用,合理的交通政策可以缓解停车难问题。交通政策可以通过鼓励公共交通出行,达到降低停车需求的目的;也可以通过限制车位供应,放开停车费政府定价,抑制部分停车需求。

3.1.3 停车需求预测模型

国内外学者对停车需求问题做了不少研究,由于国情不同、城市发展阶段和形态不同,停车需求预测方法和模式也不同。现有研究中,停车需求预测模型主要有以下几种。

1. 土地利用相关模型

(1) 停车生成率模型[86]:

$$d_i = \sum_{j=1}^{n} R_{ij} L_{ij} \tag{3.1}$$

式中 d_i——第 i 区的停车需求;

R_{ij}——第 i 区中第 j 类用地的单位停车生成率;

L_{ij}——第 i 区中第 j 类土地面积。

该模型是将规划区内各种不同土地利用的地块视为停车吸引源,得到区域停车需求总量等于这些单个地块停车生成量之和。该模型不仅可以得到停车需求总量,还能按土地利用类型计算出每一类土地的停车需求,不仅适用于计算大型公用建筑配建车位,也适用于城市新开发区。但是,该模型存在以下缺点:一是工作量大,需要对规划区域中的每一类用地进行详细参数统计;二是各类用地停车生成率不容易获得,调查区域内多是混合土地利用类型,很难找到不受其他用地类型影响的单一用地区域;三是规划年份土地利用类型的停车生成率不易获得,因此预测周期不宜过长。

(2) 用地与交通影响分析模型[87]:

$$d(t) = f(x_i) g(\gamma_q) \tag{3.2}$$

式中 $d(t)$——规划区域第 t 年的停车需求;

$f(x_i)$——停车需求的地区特征函数;

x_i——第 i 类土地的利用面积;

$g(\gamma_q)$——停车需求的交通影响函数;

γ_q——规划区交通量的年均增长率。

该模型同时考虑了停车生成率和道路交通量,较好地兼顾了停车需求与土地利用及交通之间的关系。

(3) 商业用地停车模型[88]:

$$d_i = A_L \frac{E_i}{\sum_i E_i} + A_S \frac{F_i}{\sum_i F_i} \tag{3.3}$$

式中 d_i——第 i 区的停车需求;

A_L, A_S——长时间停车数和短时间停车数;

E_i——第 i 区的雇员数;

F_i——第 i 区的商业建筑面积。

该模型认为以商业为主的地区的停车需求与用地性质、雇员数量紧密相关,长时间停车需求是由雇员上班引起的,而短时间停车需求是由人们进行商业活动引起的。该模型区分了商业中心上班和商业活动对停车吸引的不同,适用于用地较为单一的商业中心,但是不太适用于用地十分复杂的大城市总体停车需求预测。

2. 出行吸引模型[89]

$$\lg P_i = A + B \cdot \lg V_i \tag{3.4}$$

式中　P_i——第 i 区的停车需求;

V_i——第 i 区的交通吸引量;

A,B——回归系数。

该模型假设任何地区的停车需求都是车辆被吸引到达该地区的结果,停车需求为该地区交通流量的某一百分比,适用于宏观停车需求分析,还可以得到区域内机动车的停车生成率。然而,该模型无法具体得到每一种土地利用类型的停车需求,因此通常用于验证其他预测模型的计算结果。

3. 相关分析模型[90]

$$P_i = \alpha_0 + \alpha_1 X_{i1} + \alpha_2 X_{i2} + \alpha_3 X_{i3} + \alpha_4 X_{i4} + \alpha_5 X_{i5} \tag{3.5}$$

式中　P_i——第 i 区的停车需求;

X_{i1}——第 i 区的工作岗位数;

X_{i2}——第 i 区的人口数;

X_{i3}——第 i 区的建筑面积;

X_{i4}——第 i 区的零售服务人数;

X_{i5}——第 i 区的小客车保有量;

α_0,α_1,α_2,α_3,α_4,α_5——回归系数。

该模型旨在探究停车需求与城市经济活动及土地利用之间的关系,突出了工作岗位数、人口数、建筑面积等对停车需求影响较大的因素。所需数据比较容易获得，但是在土地利用复杂的区域，各变量之间关联较大，模型精度容易受到影响。

3.2 停车场选址优化

在土地资源有限的城区，停车场选址优化是一个高度约束的优化问题。需要在停车需求和选址原则的基础上，依据选址优化思路及模型，从候选位置中找出最优选址方案。

3.2.1 停车场分类

1. 按照所在位置分类

按照所在位置，停车场可划分为路内车位和路外停车场两类，其中路内车位也称为路边或路侧车位。

（1）路内车位。路内车位是指在道路红线内划定的车辆停放场所，在城市道路行车道的两侧或一侧划出一定的路面供车辆停放，但是必须保留足够的道路宽度供车辆通行。路内车位用地紧凑、投资较少、使用方便，但是占用大量道路资源，对道路交通影响较大。

（2）路外停车场。路外停车场是指在道路红线范围以外专门设置的停车场所，包括停车库、停车楼等，通常拥有与城市道路相联系的专用通道。路外停车场不占用道路资源，在城市停车供给中占比较大，但是存在投资大的问题。

2. 按照用途（服务对象）分类

按照用途（服务对象），停车场可分为专用停车场、配建停车场和公共停车场三类。

（1）专用停车场。专用停车场是指某些公共企事业单位建立的专门供内部使用的停车场，例如，公交场站、客运枢纽站等。

（2）配建停车场。配建停车场是指为了满足各种建筑的机动车基本停放需求而配套建设的停车场所，须与主体工程同步设计、同步施工、同步交付使用。

（3）公共停车场。公共停车场是指对公众开放并为所有出行者提供停车服务的停车场所，服务范围较大，一般设置在城市商业中心、公共活动区、公共交通换乘站以及其他热点区域。

3. 按照建造类型分类

按照建造类型，停车场可分为平面停车场、立体停车楼和地下停车库[91]。

（1）平面停车场。平面停车场是较为普遍的停车场所，主体为平面布局，露天或采用简易遮风挡雨设施。该类停车场布局灵活、投资少、存取车方便，但是空间利用率低、占地面积大、车位数较少。

（2）立体停车楼。立体停车楼是指专门为停车而修建的固定建筑物，普遍采用机械设备存取车辆，在发达国家大中型城市中较为常见。该类停车场空间利用率高、占地面积少、车位数较多，但是初始投资大。

（3）地下停车库。地下停车库是指位于地下或半地下的停车场所，需要良好的照明、空调和排水等系统。随着城市土地资源逐渐紧张，城市空间向立体化方向发展，因此采用地下停车库可以有效利用城市空间，缓解用地矛盾。例如，建筑、公园、道路、广场甚至河流下面都可以建设地下停车库。该类停车库可以拓展土地使用空间，且不影响城市景观，但是建设和维护成本较高。

3.2.2 停车场选址原则

（1）远近结合。充分按照停车场的发展周期，根据土地利用、拆迁难易程度等充分考虑停车场选址的可行性，使停车场既能满足近期停车需求，又要为远期发展留有建设用地。

（2）距离适中。停车场间距不宜过大，这是因为出行者一般只能接受一定限度的步行距离，如果至目的地的步行距离过大，停车场利用率则会明显下降。

（3）容量规模不宜过大。停车场容量规模过大，容易吸引大量车流从而极易造成区域交通拥堵；然而，容量规模过小，又很难满足区域停车需求。

(4) 出入口设置原则。为了避免对主干道及交叉口交通造成干扰,出入口不应设置在主干路上,并应尽可能远离交叉口,对于一些重要主干道应该禁止车辆左转出入停车场。停车场应设置在大型公共建筑附近并位于主干道的一侧,这样可以减少因人流穿行而导致的交通干扰,既方便人们停车,又有利于交通安全。

(5) 与周围建筑物保持一定距离。停车场中的车辆会产生大量尾气及噪声,因此,停车场与周围建筑物应保持一定距离,减少对周围环境的干扰或破坏。

3.2.3 停车场选址优化思路

停车场选址优化包括确定停车需求、候选位置、容量规模和建设形式等。首先,应该从整体上掌握规划区域的停车现状与需求,针对停车需求的时空分布、现有停车场状况来确定停车供应规模,在考虑选址优化原则的情况下进行停车场选址优化。其次,受土地成本昂贵、可用空地少、城市景观要求等多方面限制,停车场选址只能从有限的候选位置中遴选。最后,综合考虑停车需求、服务半径、土地利用和城市景观要求等,合理确定停车场的容量规模和建设形式,例如,局部用地紧张而停车需求较大的情况下,可以采用立体机械停车楼或地下停车库等建设形式。

3.2.4 停车场选址双层规划模型

多数驾驶员试图选择自己出行成本最小的路径或出行方式,因此可采用用户均衡模型来描述路网交通流量。从交通分配的角度,停车成本主要分成4个部分:行驶时间、等待时间、停车收费等效时间和步行时间。因此,下层规划模型建立如式(3.6)所示。

$$\min \alpha_1 \sum_a \int_0^{x_a} t_a(\omega) \mathrm{d}\omega + \alpha_2 \sum_k \int_0^{x_k} d_k(\omega) \mathrm{d}\omega + \alpha_3 \sum_k \frac{f_k T_v}{T} x_k + \alpha_4 \sum_k \sum_s w_{ks} x_{ks} \tag{3.6}$$

式中 x_a——路段 a 上的交通流量;

$t_a(\cdot)$——路段 a 上的行驶时间;

x_k——停车场 k 的停车流量;

$d_k(\cdot)$——在停车场 k 的等待时间;

f_k——在停车场 k 的停车收费等效时间;

T_v——平均停车时长;

T——时间价值系数;

w_{ks}——从停车场 k 至目的地 s 的步行时间;

x_{ks}——从停车场 k 至目的地 s 的交通流量;

$\alpha_1, \alpha_2, \alpha_3, \alpha_4$——行驶时间、等待时间、停车收费等效时间和步行时间的权重系数。

为了求解上述考虑停车场容量约束的用户均衡问题,采用一种 Bureau of Public Roads(简称 BPR)函数形式的等待时间模型[10]如式(3.7)所示。

$$d_k(x_k) = d_{k0}\left[1 + \alpha\left(\frac{x_k}{\rho N_k}\right)^\beta\right] \quad (3.7)$$

式中 d_{k0}——在停车场 k 为空置状态下的等待时间;

ρ——车位平均周转率,即每个车位平均服务的停车流量;

N_k——停车场 k 中的车位数;

α, β——系数。

考虑相同区域内停车收费差别不大且在运营中容易调整[92],本书选择行驶时间和步行时间作为停车场选址优化的主要成本。上层规划模型建立如式(3.8)所示。

$$Z = \min \alpha_1 \sum_a x_a t_a(x_a) + \alpha_4 \sum_k \sum_s w_{ks} x_{ks} \quad (3.8)$$

式中,Z 为停车场选址优化广义成本最小值。

与既有停车场选址优化模型相比,停车场选址双层规划模型具有以下优势:一是考虑停车场容量约束的用户均衡可以将停车需求较为均匀地分布于各停车场,克服了传统规划模型无法同时考虑行驶时间、等待时间、停车收费等效时间和步行时间的缺点;二是以行驶时间和步行时间为停车场选址优化的两个主要成本，符合城市交通运行实际需要。

求解算法设计如下：考虑到停车场选址只能从有限的候选位置中遴选，因此优化方案可采用枚举法进行筛选。在规划区域内拥有 H 个候选位置，现在拥有 K_1 个停车场，拟建 K_2 个停车场，建成后共拥有 K_1+K_2 个停车场，其中 $K_2 \leqslant H$。为方便求解停车场选址优化问题，本书基于交通规划软件 EMME3 设计求解步骤。

在进行求解之前，首先，计算各小区的交通出行量和吸引量，即 OD 交通需求；然后，调查各小区现有停车场和候选地点的空间位置，并且了解其规模容量。具体步骤如下：

步骤 0：根据各小区交通需求，计算拟建停车场数量以及初始选址方案数量。拟建公共停车场数量为

$$K_2 = \frac{\sum_r \sum_s q_{rs} - \sum_{K_1} \rho N_k}{\rho N} \tag{3.9}$$

$$N = \frac{\sum_H N_h}{H} \tag{3.10}$$

式中　q_{rs}——出发地 r 和目的地 s 之间的停车需求；

　　　N——候选位置建成停车场的平均容量；

　　　N_h——候选位置 h 建成停车场的容量。

因此，初始选址优化方案数量 M 为

$$M = C_H^{K_2} \tag{3.11}$$

步骤 1：令迭代次数 $m=1$。

步骤 2：利用 EMME3 求解考虑停车场容量约束的用户均衡。

（1）路网编辑。利用路网编辑器编辑规划区域路网，其中不将目的地直接与路网中的其他节点相连，而是采用停车场至目的地的单向路段。如果在方案 m 中拟在候选位置 h 建设停车场，那么建成的停车场至所有目的地之间的

步行阻抗为步行时间,否则步行阻抗为无穷大。此外,所有现有停车场至目的地的步行阻抗均为步行时间。

(2) 输入OD交通需求。利用批处理命令将固定交通需求导入方案m,一般存储为完全矩阵***mf01***。

(3) 定义3种路阻函数。路网上的路阻函数采用BPR函数标准形式,如式(3.12)所示。

$$t_a(x_a) = t_{a0}\left[1 + 0.15\left(\frac{x_a}{C_a}\right)^4\right] \quad (3.12)$$

式中 t_{a0}——路段a上的自由流行驶时间;

C_a——路段a的通行能力。

(4) 停车等待时间采用式(3.7)计算,推荐参数取值为$\alpha=49$,$\beta=62$[33]。

(5) 停车场至目的地之间的步行阻抗设置为不随流量变化的出行时间常数。

(6) 采用用户均衡模型分配固定交通需求,然后导出路段交通流量x_a、路段行驶时间t_a和停车场至目的地交通流量x_{ks}。

步骤3:计算方案m的总行驶时间、总步行时间以及广义成本Z。

步骤4:如果迭代次数$m=M$,则停止迭代;否则令$m=m+1$,返回步骤2。

步骤5:针对$m\in[1,M]$所有待选方案,按广义成本Z从小到大进行排序,找出数值最小的待选方案作为最终选址方案。

3.3 停车场选址优化案例

图3-1展示了从Sioux Falls路网[93]修改得到的规划区域示意。规划区域外起讫点为1和2,规划区域内目的地为3和4,现有停车场为5和6,候选位置编号为7~10,其余节点为道路交叉口。上述起讫点和目的地构成了若干个OD对,其交通需求(含停车需求)假设如表3-1所列。

| 城市智慧停车系统规划与设计 |

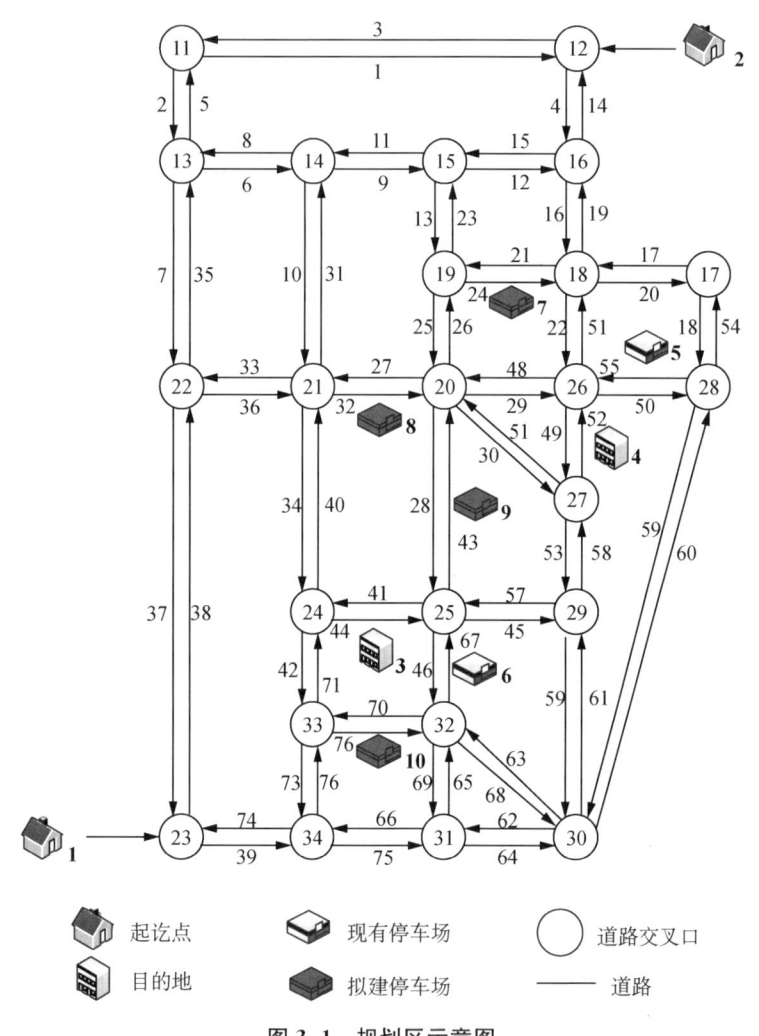

图 3-1 规划区示意图

表 3-1 规划区内交通需求 单位：pcu

出发地	目的地			
	1	2	3	4
1	0	1 500	800	500
2	2 000	0	500	1 200

在表 3-1 中，将规划区域外起讫点作为出行目的地的交通需求视为过境交通需求，出行目的地在规划区域内的交通需求视为停车需求。为了让规划区域内的停车需求合理分布到各停车场中，新建停车场也需要对停车进行收费。假设建成后各停车场容量和收费费率如表 3-2 所列。

表 3-2　停车场容量和收费费率

停车场编号	5	6	7	8	9	10
容量/个	600	850	800	950	900	1 200
收费费率/(元·h^{-1})	5	15	10	5	5	5

由于在高峰时间内离开停车场的车辆较少，因此假设车位周转率 $\rho=1$。根据式(3.9)得到拟建停车场数量 $K_2 \approx 2$，初始方案数量 $M=6$。方案 1100 表示选择候选地点 7 和 8 建设停车场，方案 1010 表示选择候选地点 7 和 9 建设停车场，方案 1001 表示选择候选地点 7 和 10 建设停车场，方案 0110 表示选择候选地点 8 和 9 建设停车场，方案 0101 表示选择候选地点 8 和 10 建设停车场，方案 0011 表示选择候选地点 9 和 10 建设停车场。其中，方案 1100 和方案 0101 导致停车场布局不合理：方案 1100 导致目的地 3 附近没有新建停车场，方案 0101 容易造成选择候选地点 8 建成的停车场利用率较低。因此，方案 1100 和方案 0101 不作为待选方案。在 EMME3 中利用用户均衡模型得到路段交通流量，然后计算总行驶时间、总步行时间和广义成本 Z，得到 4 个待选方案(表 3-3)。

表 3-3　待选方案

方案	拟建停车场及车位数	总行驶时间/min	总步行时间/min	广义成本/min
1010	7(785)，9(880)[a]	415 134	11 976	451 062
1001	7(789)，10(814)	423 887	11 279	457 724
0110	8(933)，9(868)	433 283	19 648	492 227
0011	9(882)，10(738)	479 125	10 887	511 786

[a] 括号内表示该拟建停车场的车位数。

在表 3-3 中，各待选方案广义成本相差不大，主要有两个原因：一是交通流量和目的地数量不多，未充分模拟城市交通拥堵，导致总行驶时间差异不大；二是各停车场停车流量和至所有目的地步行时间大致相同，造成总步行时间无显著差别。但依然可得出方案 1010 的广义成本最小，为最优选址方案。

4 城市智慧停车系统及发展趋势

4.1 智慧停车系统结构分析

智慧停车系统以计算机和信息通信技术为基础，利用系统工程方法理论，将传感器、电子控制及全球定位系统等高新技术应用于城市停车管理实践之中，通过多种途径帮助驾驶员快速方便地使用停车资源，从而改善城市停车难题[94,95]。

系统结构是实现功能的基础，随着电子信息技术的快速发展，众多系统结构设计成果出现。图 4-1 展示了智慧停车系统基本结构，其主要分为 4 个部分：信息采集、处理中心、发布终端和通信网络[96]。

该结构保障智慧停车系统可以完成停车信息采集、处理、发布和通信等基本工作。信息采集是整个系统工作的基础，信息处理是整个系统工作的关键，信息通信是整个系统工作的重要保障，信息发布是整个系统工作的最终体现。此外，采用智能手机等终端的车辆可以实现预订车位等功能。

（1）信息采集：主要采集可用车位数量变化情况，一般是通过设置在车位上方或下方的监测器，也可以是位于停车场出入口用于记录到达/离开停车流量的线圈等传感设备。此外，通过智能手机等终端可以获得车辆实时位置、停车预订请求和道路交通运行状况等相关信息。

（2）处理中心：对采集的停车信息进行处理操作，并且决定向驾驶员提供

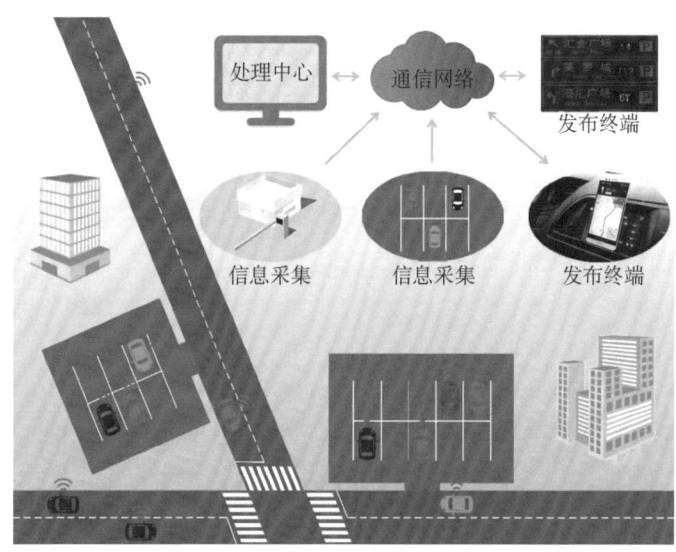

图 4-1 智慧停车系统基本结构示意

信息的具体内容形式。处理中心可以随时随地追踪配置有智能手机等终端的车辆，获得车辆实时位置和运行速度等信息，并且根据实时停车状况对停车预订请求给予接受/拒绝处理。此外，处理中心还可以给出最优停车场建议或者直接推送停车分配结果。

（3）发布终端：负责向驾驶员发布处理后的停车信息，主要发布途径包括信息板和智能手机等。在出行途中，信息板和智能手机成为获得停车信息的两个基本途径，其中前者已经在大中型城市中被广泛采用，后者拥有较好的发展前景。

（4）通信网络：保障从信息采集装置至处理中心再到发布终端的通信畅通，主要包括有线、无线以及有线无线结合的通信方式。随着 5G/Wi-Fi 网络大规模建设，无线通信形式占比快速增长，正在深刻影响着人们的出行活动。

4.2 智慧停车系统种类及特点

智慧停车系统主要分成 3 类：停车信息板、停车预订系统和停车机器人系统。

1. 停车信息板

停车信息板是最常见的停车信息发布终端之一，根据人们认识理解的一般过程，需要采用逐步诱导的方式，将众多停车场停车信息发布在多级信息板上，逐步诱导驾驶员驶向目标停车场，从而达到较好的停车诱导效果。依据从信息板所在位置至所要发布停车信息停车场之间行驶距离的远近，停车信息板主要可以分为3个级别[97]。

（1）一级信息板：也称为区域信息板，设置在停车诱导区域主要入口处，向即将驶入区域的驾驶员提供区内路网形态、主要停车场名称、空间位置和可用车位数等停车信息，从而让驾驶员初步了解该停车区域的交通环境和停车状况，进而初始选择比较合适的一个或几个相邻停车场作为目标停车场。一级信息板的设计和信息内容如图4-2所示。

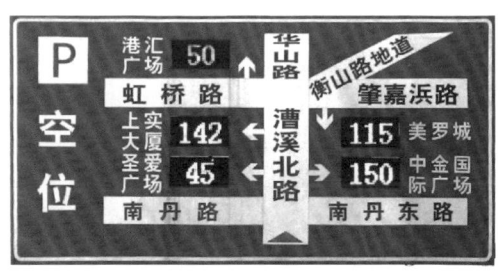

图4-2 一级信息板的设计和信息内容

从图4-2中可以看出，驾驶员在沿着漕溪北路向前行驶的过程中，从一级信息板上可以观察到主要停车场名称、空间位置和可用车位数，还可以注意到区域路网形态和主要交叉口等信息。

（2）二级信息板：也称为路口信息板，设置于停车诱导区域入口通向各停车场主要道路交叉口处，向通过该交叉口的所有驾驶员提供前方停车场的空间位置、可用车位数和行驶方向等停车信息，从而让驾驶员更加详细地了解各停车场实时可用车位数、行驶方向和大概行驶距离。二级信息板的设计和信息内容如图4-3所示。

从图4-3中可以看到各停车场名称、可用车位数和行驶方向。所发布的停车场数量和停车信息较一级信息板更为简化，方便驾驶员快速观察和理解，

图 4-3 二级信息板的设计和信息内容

从而迅速决定坚持或变更先前停车选择决策。

(3) 三级信息板：也称为停车场入口信息板，设置在各停车场入口附近，向到达该停车场的驾驶员提供精确入口位置和更为具体的停车信息。三级信息板的设计和信息内容如图 4-4 所示。

图 4-4 三级信息板的设计和信息内容

图 4-4 显示了该停车场的可用车位数和行驶方向，所发布的停车信息已经特指为到达停车场，方便驾驶员及时决策是否选择该停车场停放车辆。

2. 停车预订系统

随着智能手机等终端的普及应用，特别是排除人为干扰的自动驾驶技术快速发展，停车预订系统将会变得更加流行[65]。图 4-5 展示了停车预订基本流程，涵盖发送停车预订请求、停车分配、驶向目标停车场等过程。首先，发送停车预订请求的车辆加入请求集合。在停车分配时间内(例如，分配间隔为 20 s)，按照停车分配模型及相应规则进行停车分配。分配规则为：如果拥有足够的可用车位,对所有发送停车预订请求的车辆都进行停车分配;否则,按照先请求先分配(先到先得)的规则,将车辆分配至各停车场。将所有已经分配的车辆从请求集合中移除,并将它们加入预订集合。然后,检查车辆是否到达目标停车场。如果已经到达目标停车场,则停车预订流程结束,并从预订集合中移除已经到达目标停车场的车辆;否则,车辆驶向目标停车场。

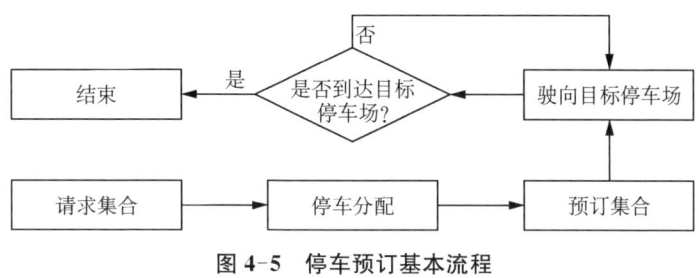

图 4-5　停车预订基本流程

3. 停车机器人系统

为了增加停车供应,大中型城市陆续建设了许多地下停车场[98,99]。然而,受到视线限制和室内定位不准确等局限,驾驶员在停车场内很难找到可用车位。此外,还有人担心人车冲突造成的交通安全问题及人暴露于汽车尾气的健康危害。因此停车机器人成为解决停车场内停车难的主要手段,即在停车场内,停车机器人可以代替人类将车辆运送至目的地。通过这种方式,可以缓解交通安全问题和降低人的健康危害,尤其是在通风不良、车位较小或车道狭窄的停车场内。此外,与普通停车场相比,有停车机器人的停车场可以减小车位宽度或采用高密度车位布局方案,从而显著增加停车场容量。

图 4-6 展示了停车机器人代客停车流程。首先,车辆到达停车场入口后,驾驶员下车,点击"存车"按键。然后,停车机器人移动至停车场入口,将车辆搬运到目标车位。到达目标车位后,停车机器人放下车辆,等待下一个搬运任务。取车时,驾驶员到达停车场出口处,输入车牌号,支付停车费用,点击"取车"按键。最后,停车机器人到指定车位搬运车辆,将车辆运送至停车场出口处。驾驶员上车,驶离停车场。

(a) 到达停车场入口　　　　　(b) 驶离停车场入口
(c) 驶向目标车位　　　　　　(d) 到达目标车位
(e) 驶离车位　　　　　　　　(f) 驶离停车场

图 4-6　停车机器人代客停车流程[100]

4.3　智慧停车系统发展趋势

随着自动驾驶技术的快速发展，智慧停车系统也迎来了新机遇。智能交通系统无疑是 21 世纪的主流发展方向，其中自动驾驶技术近年发展最为迅猛。自动驾驶引领智慧停车系统发展趋势如下：

（1）发布终端整合在自动驾驶模块中。自动驾驶模式下，信息板和智能手机等发布终端将会被逐渐替代。自动驾驶模块本身包含停止、前进和倒车等基本停车操作，这些功能直接对接智慧停车模块，从而让系统结构更为简洁紧凑。

（2）对信息处理中心和通信网络提出更高要求。为了保障自动驾驶汽车安全行驶，需要实时采集停车信息、交通运行状况、车辆位置和速度等海量数据，需要信息处理中心拥有更强的运算处理能力，同时要求信息通信网络将采集和处理后的信息快速准确地传输。

（3）地面车位的智能管理需求增加。在传统有人驾驶模式下，步行距离是影响停车选择的重要因素。在自动驾驶模式下，车辆将人们送至目的地后，便自动行驶至停车场，从而能够在一定程度上解决热点区域停车难题。当需要使用车辆时，提前通知车辆让它前来接送乘客。自动驾驶导致热点停车区域不再需要大量车位，但是会增加在路边和楼前等上下客临停需求。

（4）停车预订服务占比上升。在自动驾驶模式下，整个出行过程由"出发地—停车场—步行至目的地"变成"出发地—目的地—停车场"，使停车过程变成完全不受人为干扰的自动过程，从而可以更有效地进行停车管理，并且在停车场中预留车位。这样，能够提高停车预订服务占比，减少由于搜寻可用车位而产生的绕行交通量。

5 停车信息板选址优化及动态信息发布方法

5.1 停车信息板选址优化

从经济角度考虑,在路网中的所有交叉口都设置停车信息板,这种方式不太可行。另外,过多的信息板可能导致停车诱导负效应,会增加驾驶员处理多余停车信息的时间以及导致停车信息可信度下降,甚至可能误导驾驶员驶向没有可用车位的停车场,从而导致停车诱导效果较差和遵守率较低。若在极少的交叉口设置停车信息板,驾驶员可能无法获得足够的停车信息,同样导致无法较好达成停车诱导的目标。一般情况下,一级、三级停车信息板数量较少并且位置相对固定(一般分别位于停车诱导区域入口和停车场入口附近),而二级停车信息板位于停车诱导区域入口通往各停车场的路径上,存在较多可行选址方案,因此成为本书研究重点。

5.1.1 停车诱导效用

"效用"是经济学常用概念,主要是指用户通过消费或享受某种服务让自身需求得到满足的一个度量。同样,"停车诱导效用"定义为智慧停车系统完成停车诱导功能的一个度量,其中停车诱导包含多种目标,从选址优化角度来看主要包括诱导较多停车流量和提高停车信息可信度等[45]。因此,停车诱导效用包含两个要点:一是停车信息板需要设置在通向热点停车场的路径上,该路径应该是驾驶员自主选择形成的,或者是由停车流量在路网上自发分配形成的;二是停车信息板不能距离所要发布停车信息的停车场太远,否则容易因为行驶时间过长而造成停车信息可信度大打折扣,甚至导致驾驶员到达目标停车场时发现没有可用车位。

5.1.2 停车流量固定的选址优化模型

现有停车信息板选址优化模型多数假设停车流量固定在路网上,将交通网络优化问题转化为纯数学优化问题,从而降低了停车信息板选址优化问题的复杂度,可以采用组合优化方法进行求解。其中,Zhang 等[44]提出的以停车诱导效用最大为目标的选址优化模型较为经典,如式(5.1)所示。

$$\max Z = \sum_j \sum_a \delta_{ja} \tau_{ja} f_{ja} \left(\lambda_j \frac{1}{d_{ja}} \gamma_{ja} \right) \quad (5.1a)$$

$$\sum_j \sum_a \tau_{ja} \leqslant \Psi \quad (5.1b)$$

$$\sum_j \tau_{ja} \leqslant 3 \quad (5.1c)$$

$$\sum_a \tau_{ja} \geqslant 1 \quad (5.1d)$$

式中　Z——停车诱导效用;

　　　δ_{ja}——服务系数,如果路段 a 位于停车场 j 的服务范围内,则 $\delta_{ja}=1$,否则取值为 0;

　　　τ_{ja}——选址参数,如果发布停车场 j 的停车信息板设置在路段 a 上,则 $\tau_{ja}=1$,否则取值为 0;

　　　f_{ja}——路段 a 上驶往停车场 j 的停车流量;

　　　λ_j——停车场 j 拥有车位数量的相关系数;

　　　d_{ja}——从路段 a 至停车场 j 需要经过的道路交叉口数量;

　　　γ_{ja}——从属关系系数,如果路段 a 位于驶往停车场 j 的路径上,则 $\gamma_{ja}=1$,否则取值为 0;

　　　Ψ——最大允许设置的停车信息板数量。

总体上，式(5.1a)是以停车诱导效用最大为目标的停车信息板选址优化模型。式(5.1b)是停车信息板总数约束，式(5.1c)保证每个停车信息板上最多发布3个停车场停车信息，式(5.1d)确保每个停车场至少在1个停车信息板上发布停车信息。

5.1.3 在主要决策点设置停车信息板

在主要决策点设置停车信息板，可以反映停车诱导服务造成车流在路网上的重新分配，满足驾驶员获得停车信息的客观需求，从而缩短车辆行驶时间和提高停车诱导遵守率。并且，以主要决策点作为候选位置符合停车诱导效用最大化基本要求，在实际情景中可以较为有效地提高停车诱导效用。主要决策点空间位置及筛选规则如下。

1. 空间位置

如果驾驶员接收到目标停车场没有可用车位的信息，他们就会选择利用率较低的备选停车场。一般情况下，驶向备选停车场的路径与通往先前目标停车场的路径不完全重合，它们相互分离的交叉口就是主要决策点的空间位置，如图5-1所示。P1和P2分别为目标停车场和备选停车场，Path 1 和 Path 2 分别是通向 P1 和 P2 的停车路径，交叉口2、5和7分别是 Path 1 路径上已经经过的交叉口、即将经过的交叉口和次将经过的交叉口，交叉口5和6分别是 Path 2 路径上已经经过的交叉口和即将经过的交叉口。由于停车信

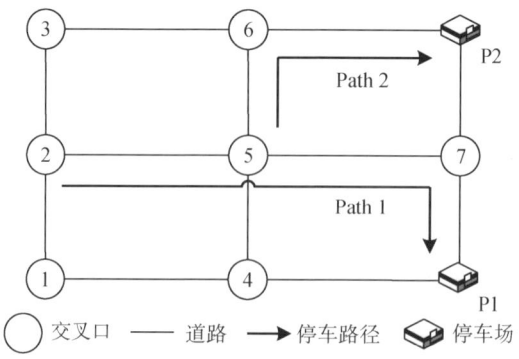

图5-1 主要决策点空间位置示意

息板设置在交叉口附近并且位于进口道，因此只有在到达交叉口时才能收到停车信息。驾驶员在交叉口 2 选择 P1，沿着路段 2→5 行驶至交叉口 5。如果在交叉口 5 遇到停车信息板并且收到 P1 没有可用车位的信息，那么驾驶员会选择拥有可用车位的 P2 作为目标停车场，并且沿着路段 5→6 行驶。这样，Path 1 和 Path 2 在路段 2→5(交叉口 5 的进口道)发生分离，这个分离交叉口就是主要决策点的空间位置。

2. 筛选规则

将出现次数较少的主要决策点作为候选位置不太可行。只要驾驶员在主要决策点空间位置上做出一次停车选择改变(收到目标停车场没有可用车位并选择利用率较低的备选停车场)，该空间位置出现次数就增加一次。实际上，候选位置应该是出现次数较多的主要决策点，即符合数量标准的主要决策点才能作为候选位置。主要决策点的筛选规则如式(5.2)所示：

$$\eta_a^m \geqslant S \tag{5.2}$$

式中　η_a^m——在时间 m 分离交叉口 a 的累计出现次数；

　　　S——主要决策点累计出现次数的下限，取决于最大允许信息板数量或停车诱导目标。

与既有路网流量固定选址优化模型相比，在主要决策点设置停车信息板选址优化方案拥有以下优势：一是能够反映停车诱导服务造成车流在路网上的重新分配，可以较为有效地缩短行驶时间和提高停车诱导遵守率；二是提出的主要决策点空间位置和筛选规则，不仅能够满足大多数驾驶员的停车信息需求，还能降低停车诱导系统的建设成本和缓解由完全停车信息方案引发的停车竞争。

5.2　停车信息板动态信息发布方法

总体上，停车信息板动态信息发布方法经历了周期发布和实时发布两个阶段，其主要推动力是减少停车信息过期现象，旨在向驾驶员提供较为可信的停车信息。相较于实时发布方法,周期发布方法容易导致停车信息严重过期。随着计算机和通信技术的迅速发展,实时发布方法已经取代周期发布方法。

1. 周期发布方法

周期发布方法是指采用固定或变动时间间隔的非实时停车信息发布方法。采用固定时间间隔意味着每隔数分钟发布一次停车信息,采用变动时间间隔是指当停车状况显著变化(例如,停车场利用率增加或减少5%)的时候发布一次停车信息[101-103]。该发布方法可以大幅降低需要处理的停车信息数据和通信网络运行负担,较为简单且方便实用,但是容易导致停车信息严重过期。由于之前受到计算机运算能力较低和通信网络带宽较小的限制,早期停车信息板普遍采用这种信息发布方法。

2. 实时发布方法

实时发布方法是指将实时采集的停车信息直接提供给行驶途中的驾驶员,这样可以避免停车信息严重过期现象,从而提高实际场景中的停车诱导效果。事实上,通过缩短停车信息发布时间间隔,例如,将时间间隔设置为1 s,周期发布方法就可以成为实时发布方法,但是会增加通信网络和计算机运行的负担。随着电子控制、计算机和信息通信技术快速发展,实时发布方法已经广泛投入实际应用,并且取得了良好效果。该发布方法不采用停车信息管理技术,而是将采集到的停车信息直接提供给驾驶员。但是,当热点停车场可用车位数量减少至一定程度后,由于停车信息过期现象,可能导致继续驶向该停车场的停车流量依然较大,从而导致驾驶员到达停车场后发现没有可用车位的概率大大增加,进而造成绕行至利用率较低的备选停车场的时间增多,最终导致实际场景中的停车诱导效果较差。

然而,由于从停车信息板所在位置行驶至发布停车信息的停车场需要一定的时间,导致实时发布的停车信息也存在过期现象,因此,需要引入采用停车场利用率阈值的非对称发布方法,以期达到较好的停车诱导效果。

5 停车信息板选址优化及动态信息发布方法

5.2.1 停车信息过期现象

车位使用原则往往是"先到先得"[104,105]，即如果其他驾驶员占用了目标停车场中仅剩的一个车位，那么后来的车辆须停放于利用率较低的备选停车场[106]。由于从停车信息板所在位置行驶至发布停车信息的停车场需要一定的时间，因此，停车信息板发布的停车信息往往是过期的，进而导致相信停车信息的驾驶员在到达目标停车场后可能发现没有可用车位。如果从停车信息板所在位置行驶至发布停车信息的停车场需要的时间较长，那么驾驶员接收到的停车信息与到达目标停车场时的实际状况容易存在较大差别，这导致停车信息板发布的停车信息过期较为严重。停车信息板发布的停车信息过期现象具体情况如图 5-2 所示。

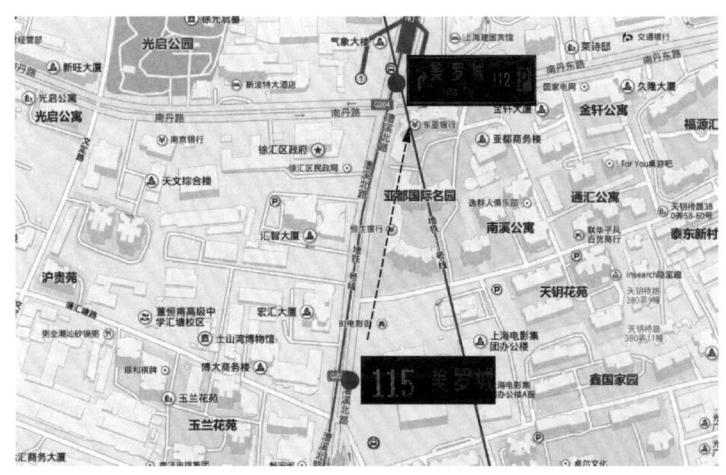

● 停车信息板所在位置　-----▶ 行驶方向

图 5-2　停车信息板发布的停车信息过期现象

图 5-2 展示了上海市徐家汇商业中心漕溪北路上由南至北行驶方向的停车信息板的信息发布状况，上游停车信息板发布美罗城停车场拥有 115 个可用车位的停车信息，但是下游停车信息板接收到美罗城停车场拥有的可用车位数变成了 112 个。上、下游停车信息板发布的 3 个可用车位之差归因于上、下游停车信息板所在位置之间存在一定行驶时间。由于路网交通量变化和拥

堵发生具有随机性，上、下游停车信息板所在位置之间的行驶时间变化较大，容易导致停车信息过期较为严重。因此，实时发布方法可能导致先前接收到的停车信息在到达目标停车场后严重过期，从而导致停车诱导效果较差。特别是在高峰时间段内，由于停车需求量较大，加上热点停车场的车辆到达率较高，容易放大这种停车信息过期问题，从而造成部分热点停车场的停车信息可信度较差和停车诱导遵守率较低。

5.2.2 非对称发布方法

非对称发布方法分为相同信息发布方法和差别化发布方法两类，其主要区别是前者发布所有停车场的停车信息都采用一个相同的利用率阈值，而后者针对每个停车场均设置一个特定利用率阈值。

1. 相同信息发布方法

相同信息发布方法是指给定一个停车场利用率阈值（如0.90或0.95），当停车场利用率达到给定阈值时，停车信息板就会发布该停车场为满的信息；否则，实时发布该停车场可用车位数或者减去预留车位之后的车位数。通过给定一个停车场利用率阈值，让所有热点停车场均预留相同比例的车位，相同信息发布方法可以较为有效地改善停车信息过期状况。然而，相同信息发布方法没有考虑停车场之间的差异性，这可能导致所发布的部分停车场的停车信息依然存在严重过期现象。

2. 差别化发布方法

由于停车信息会显著影响驾驶员的停车选择行为，因此对停车信息板发布的停车信息进行管理十分有必要。当驾驶员到达目标停车场后发现没有可用车位时，就会排队等待或选择利用率较低的备选停车场[107]，从而导致排队长度过长或绕行至备选停车场的行驶时间增加。与相同信息发布方法让所有停车场采用相同利用率阈值不同，本书所提出的差别化发布方法充分考虑不同停车场之间的属性差异，针对每个停车场均设置一个特定利用率阈值，从而实现不同停车场之间信息发布差别化。考虑停车场差异性的差别化发布方法可以将停车需求较为均匀地分配给各停车场，因此在提高停车信息可信度方面具有较大潜力。

考虑从停车信息板所在位置至不同停车场的行驶时间的差异性，停车信息可信度与行驶时间之间的关系如图 5-3 所示。Path 3 和 Path 4 分别是从出发地 O 至停车场 P3 和 P4 的停车路径。如果图中所有路段的物理特征（如行驶速度、路段长度和车道数量）均相似，那么在 Path 3 上行驶的时间比在 Path 4 上行驶的时间要短一些。在路段 $O\to 3$ 设置的停车信息板所发布的 P3 停车信息的可信度比所发布的 P4 停车信息的可信度要高一些。同时，在停车信息板没有发布停车场状态为满之前，已经进入 Path 4 的车辆数量比进入 Path 3 的车辆数量多。因此，停车信息板发布 P4 停车信息采用的利用率阈值应该比发布 P3 停车信息的小一些，这样才能让 P4 预留更多车位，从而达到更好的停车诱导效果。

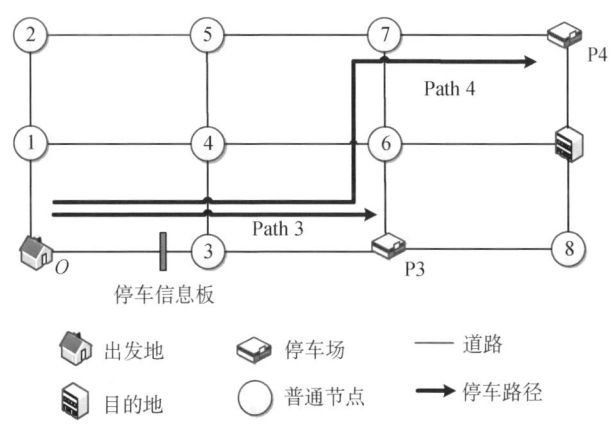

图 5-3　停车信息可信度与行驶时间之间的关系

5.2.3　停车诱导可靠性

为了量化停车信息可信度，本节引入了停车诱导可靠性概念。停车诱导可靠性是指相信接收到的停车信息，并且在到达目标停车场时获得可用车位的概率。停车诱导可靠性过低，容易导致停车排队长度过长，或者增加从先前目标停车场绕行至利用率较低的备选停车场的行驶时间，甚至影响人们对停车诱导服务的满意程度，造成停车诱导遵守率较低和实际停车诱导效果较差。

Li等[52]提出针对停车信息板发布途径的停车诱导可靠性,如式(5.3)所示。

$$\varphi = \frac{\Phi}{Q} \tag{5.3}$$

式中 φ——停车诱导可靠性;

Φ——到达目标停车场后获得可用车位的停车流量;

Q——到达目标停车场的停车总流量。

发布停车信息的停车场属性不同,会导致停车诱导可靠性也有所差异。停车诱导可靠性扩展为到达特定目标停车场获得可用车位的概率,具体可以表达为

$$\varphi_j = \frac{\Phi_j}{Q_j} \tag{5.4}$$

式中 φ_j——到达目标停车场 j 的停车诱导可靠性;

Φ_j——到达目标停车场 j 并且获得可用车位的停车流量;

Q_j——到达目标停车场 j 的停车总流量。

5.3 基于Agent仿真模型的停车信息板选址优化及动态信息发布

在实际场景中,每个驾驶员都会进行停车和路径选择决策。在仿真模型中,每辆车都被视为一个Agent,它可以单独做出停车选择决策并搜寻可用车位。基于Agent仿真模型可以描述每个驾驶员的停车选择行为,反映停车信息板选址优化及动态信息发布对停车服务水平产生的影响。

5.3.1 Agent仿真框架设计

在互联网领域,Agent是一种可以自主完成某种任务的软件或者硬件,被广泛用于求解分布计算。不同行业对Agent的定义各不相同,目前尚无统一的概念或标准。Agent可以简单定义为一类能够自主活动并且可以感知外

部环境变化,代表设计者或使用者达成一系列目标的实体或程序[108]。基于 Agent 仿真模型非常适合研究复杂系统的信息处理过程和个体决策行为[109],其相关规则在交通运输系统建模中已经应用了较长时间[110]。交通运输系统本质上是车辆在路网上移动并完成相关运送任务。传统静态交通分配模型借用流体力学理论研究交通流问题,无法较好地反映车流自组织和相互作用问题。在停车诱导问题研究中,基于 Agent 仿真模型可以展示车辆在路网中的复杂时空关系和描述驾驶员对停车信息的动态反应,基于 Agent 仿真模型原理示意如图 5-4 所示。在图 5-4 中,每辆车都被视为一个 Agent,在道路上向前行驶,并代表驾驶员进行停车和路径选择决策。

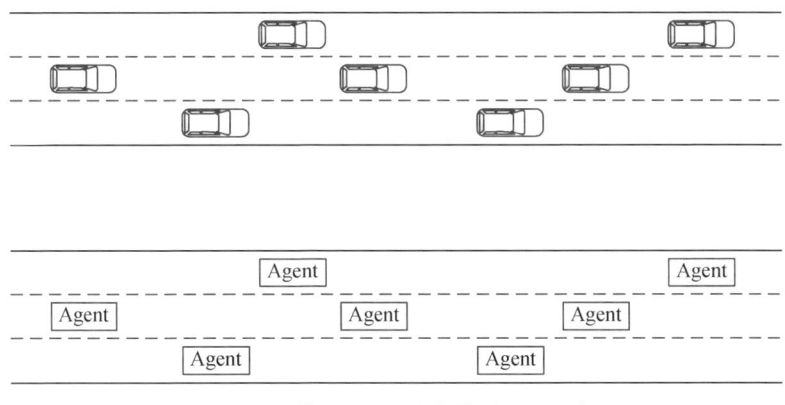

图 5-4 基于 Agent 仿真模型原理示意

1. 停车选择行为建模

停车选择行为一直是停车研究的热点问题,考虑停车信息的选择行为相关理论方法也在不断地丰富完善[111,112]。从宏观角度来看,停车选择行为一般认为是一个随机发生的现象;从个体角度来讲,停车选择行为往往是目标明确、意图较为明显的出行活动[113]。驾驶员会根据自身需求和接收到的停车信息进行停车选择决策[114],考虑驾驶员偏好选择拥有可用车位的停车场,Thompson 等[48]提出了一种包含感知等待时间的停车选择行为模型:

$$P_{ijk}^m = \frac{e^{-\gamma u_{ijk}^m}}{\sum_j e^{-\gamma u_{ijk}^m}} \tag{5.5}$$

式中　P_{ijk}^m——在时间 m 从交叉口 i 至目的地 k 选择停车场 j 的概率；

　　　u_{ijk}^m——在时间 m 从交叉口 i 至目的地 k 选择停车场 j 的停车成本；

　　　γ——相关系数。

停车成本主要包含 4 个部分：行驶时间、等待时间、停车收费等效时间和步行时间，具体表达如式(5.6)所示[115]：

$$u_{ijk}^m = \alpha_1 t_{ij}^m + \alpha_2 d_j^m + \alpha_3 \frac{f_j}{T_f} + \alpha_4 w_{jk} \tag{5.6}$$

式中　t_{ij}^m——在时间 m 从交叉口 i 至停车场 j 的行驶时间；

　　　d_j^m——在时间 m 进入停车场 j 的等待时间；

　　　f_j——在停车场 j 的停车收费；

　　　T_f——时间价值系数；

　　　w_{jk}——从停车场 j 至目的地 k 的步行时间；

　　　$\alpha_1, \alpha_2, \alpha_3, \alpha_4$——行驶时间、等待时间、停车收费等效时间和步行时间的权重系数。

进入停车场 j 的等待时间为

$$d_j^m = \begin{cases} D, & \text{如果接收到停车场 } j \text{ 没有可用车位的信息}, \\ 0, & \text{否则} \end{cases} \tag{5.7}$$

式中，D 为感知等待时间，取值为一个较大数值或无穷大。

2. 输入/输出参数选择

输入/输出参数是仿真程序与用户交互的主要媒介，也是获得仿真结果的关键渠道，根据实际需要筛选主要输入/输出参数，从而达到仿真评价所要达到的预期目标和主要要求。

1) 主要输入参数

主要输入参数由交通运行状况、停车需求和停车环境等参数构成。

(1) 交通运行状况参数：包括时间价值系数、路段长度、路段等级、路段车道数、路段容量、密度-速度模型、交叉口空间位置以及路段与交叉口的拓扑关系等。路网节点包括出发地、目的地、停车场、辅助点和交叉口等大量节点，它们之间的拓扑关系较为复杂。为了方便存储、读取路网节点，可以将它们表达为矩阵形式。在 MATLAB 中，可以将路网节点按照一定次序进行统一编号，表达简洁规范，并将出发地、目的地、停车场、辅助点和交叉口分别记为行矩阵 n_o、n_d、n_p、n_s 和 n_c。

（2）停车需求参数：是仿真评价的关键参数，其车辆到达率主要表现为均匀分布和泊松分布两种形式。如果区域内停车需求较小，则停车状况较为简单，需要设置的停车信息板数量较少，从经济性角度出发甚至不需要设置停车信息板。如果流向某个停车场的停车流量较大，那么该停车场一般就是热点停车场，这就需要设置停车信息板提前告知驾驶员停车信息，从而将多余停车流量从热点停车场转移至利用率较低的备选停车场。

（3）停车环境参数：包括停车场空间位置、规模容量、收费费率和至目的地的步行距离等。

2）主要输出参数

主要输出参数由停车场利用率、主要决策点、停车诱导可靠性、车辆平均行驶时间和驾驶员平均步行距离等构成。

（1）停车场利用率：是指在停车场内停放的车辆总数除以该停车场最大车位数，这个数值随着车辆到达/离开而呈现动态变化，即随时间不断变化。每一次迭代末尾，记录各停车场利用率变化状况，可以分析停车场在特定时段内的利用率，从而找出哪些停车场是热点停车场，进而可以对停车场利用率均衡功能作出具体评价。

（2）主要决策点：是由停车选择改变和驶向先前目标停车场路径与驶向备选停车场路径相互分离造成的分离交叉口，在主要决策点设置停车信息板可以减少车辆在路网上的行驶时间和停车场入口的排队长度。

（3）停车诱导可靠性：是指相信停车信息并且在到达目标停车场时获得可用车位的概率，是反映停车诱导效果的重要评价指标。如果停车诱导可靠性偏低，那么驾驶员在下一次接收到停车信息时就可能不再相信或直接忽略，从而降低了停车诱导的遵守率和满意度。

（4）车辆平均行驶时间：车辆在路网上的行驶时间是停车诱导效果评价的

重要指标,平均行驶时间较少意味着为搜寻可用车位的绕行时间较少,从而对周边实时交通运行造成的影响较小,可以有效提高区域交通运行条件和停车服务水平。

(5)驾驶员平均步行距离:驾驶员步行距离是指驾驶员从停车场步行至目的地的距离,也是反映停车诱导效果的重要指标。一般情况下,大多数驾驶员不愿意步行较长距离,因此存在一个最大可接受步行距离。如果平均步行距离过大并且超过最大可接受步行距离,则说明该停车诱导方案不是十分合理。

3. 具体仿真流程设计

为了更好地描述驾驶员停车选择行为,可以根据实际需要针对每个Agent设计一系列属性[116,117]。在本书中,具体属性设计如表5-1所示。

表 5-1 Agent 属性设计

类别	符号	含义
基本属性	ID	进入路网的次序编号
	O	出发地
	D	目的地
空间属性	A	已经经过的交叉口
	B	即将经过的交叉口
	C	次将经过的交叉口
	F	在路段上的位置
停车属性	P	当前目标停车场
统计属性	T_1	进入路网的时间
	T_2	离开路网的时间

每个 Agent 均拥有 10 个属性,主要分成 4 类:基本属性、空间属性、停车属性和统计属性。基本属性在短时间内是固定的,在研究中可以认为不随时间变化;空间属性用来描述车辆在路网上的动态移动过程;停车属性用来记录停车选择决策,从而描述可用车位搜寻过程;统计属性用来记录各种评价指标。

5 停车信息板选址优化及动态信息发布方法

结合停车选择行为模型和 Agent 属性设计，具体仿真流程如图 5-5 所示。

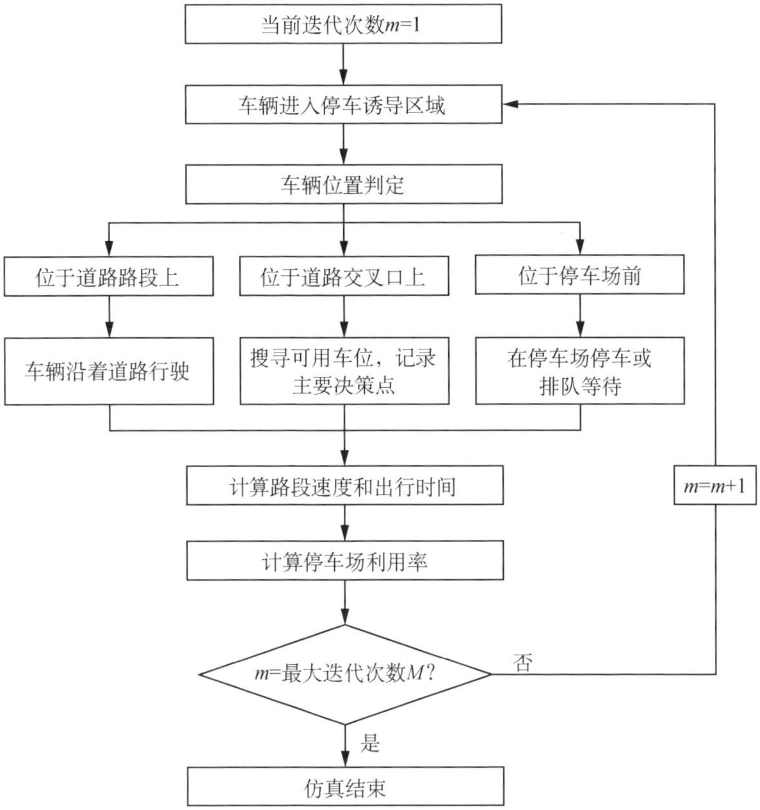

图 5-5 基于 Agent 仿真流程示意

步骤 0：初始化。

首先，令仿真间隔 $\Delta t = 1$ s，当前迭代次数 $m = 1$，最大迭代次数 $M = 7\,500$，总行驶时间 $T^m = 0$，总步行距离 $\Upsilon^m = 0$。然后，分别初始化路段流量 $x_a^m = 0$，路段车辆密度 $g_a^m = 0$，路段出行时间 t_a^m 为自由流时间 t_{af}，路段行驶速度 v_a^m 为自由流速度 v_{af}，停车场可用车位数 q_j^m 为其规模容量 C_j。其中，x_a^m 为第 m 次迭代路段 a 上的交通流量，g_a^m 为第 m 次迭代路段 a 上的车辆密度，t_a^m 为第 m 次迭代路段 a 上的行驶时间，t_{af} 为路段 a 上的自由流时间，v_a^m 为第 m 次迭代路段 a 上的行驶速度，v_{af} 为路段 a 上的自由流速度，q_j^m 为

第 m 次迭代停车场 j 的可用车位数，C_j 为停车场 j 的规模容量。最后，引入 3 个空集合 X、Y 和 U 表示在路网上的车辆集合、离开路网的车辆集合和主要决策点空间位置集合。

步骤 1：车辆进入停车诱导区域。

对于每辆车，ID 为进入路网的次序编号，O 和 D 是已知属性，令 $A=O$，$F=\varepsilon$ 和 $T_1=m$。为了让车辆位于路段起始位置，引入一个极小常数 ε，可以取值为 0.01。B、C 和 P 可以根据停车选择决策得到，其中 B 和 C 分别为通向目标停车场路径上的第二个和第三个交叉口，P 根据式（5.5）进行更新。然后，把进入路网的所有车辆均加入集合 X。

步骤 2：车辆位置判定。

对于路网中的每辆车，如果 $F>0$，那么该车辆位于道路路段上；否则该车辆位于道路交叉口上或停车场前。进一步判断，如果 $B=P$，那么该车辆位于停车场前；否则，该车辆位于道路交叉口上。

步骤 3：车辆位置更新。

（1）如果车辆位于道路路段上，则根据路段交通运行状况沿着该路段向前行驶一定距离：

$$F_a^m = \begin{cases} F_a^{m-1} + v_a^m, & \text{如果 } v_a^{m-1} < L_a, \\ 0, & \text{否则} \end{cases} \tag{5.8}$$

式中　L_a——路段 a 的长度；

F_a^m，F_a^{m-1}——第 m 次和第 $m-1$ 次迭代在路段 a 上的位置。

（2）如果车辆位于道路交叉口上，驾驶员根据接收的停车信息搜寻可用车位。当没有接收到目标停车场已满信息时，驾驶员会坚持先前停车选择决策；否则，驾驶员重新进行停车选择决策。R 为通向目标停车场 P 的路径，R' 为通向新目标停车场 P' 的路径。如果 R' 上的第三个交叉口不同于 R 上的第三个交叉口，则将 $A \to B$ 记入主要决策点集合 U。主要决策点在集合中出现次数计算为

$$\eta_{AB}^m = \eta_{AB}^{m-1} + 1 \tag{5.9}$$

式中，η_{AB}^m 和 η_{AB}^{m-1} 分别为第 m 次和第 $m-1$ 次迭代路段 $A \to B$ 出现的次数。

然后，令 $A=B$，$P=P'$，B 和 C 分别更新为 R' 上的第二个和第三个交叉口。最后，为了让车辆进入下游路段的起始位置，令该车辆属性 $F=\varepsilon$。

(3) 如果车辆位于停车场前，那么该车辆会在停车场停车或排队等待出现可用车位。将该车辆从集合 X 中删除，并且加入集合 Y 中。然后，令车辆离开路网的时间 $T_2=m$。到达停车场的停车总流量更新为

$$Q_j^m = Q_j^{m-1} + 1 \tag{5.10}$$

式中，Q_j^m 和 Q_j^{m-1} 分别为第 m 次和第 $m-1$ 次迭代到达停车场 j 的停车总流量。

到达停车场并且获得可用车位的停车总流量更新为

$$\Phi_j^m = \begin{cases} \Phi_j^{m-1} + 1, & \text{如果 } r_j^m < 1, \\ \Phi_j^{m-1}, & \text{否则} \end{cases} \tag{5.11}$$

式中　Φ_j^m，Φ_j^{m-1}——第 m 次和第 $m-1$ 次迭代到达停车场 j 并且获得可用车位的停车流量；

r_j^m——第 m 次迭代停车场 j 的利用率。

总行驶时间更新为

$$\Gamma^m = \Gamma^{m-1} + T_2 - T_1 \tag{5.12}$$

式中，Γ^m 和 Γ^{m-1} 分别为第 m 次和第 $m-1$ 次迭代的总行驶时间。

总步行距离更新为

$$\Upsilon^m = \Upsilon^{m-1} + W_{PD} \tag{5.13}$$

式中　Υ^m，Υ^{m-1}——第 m 次和第 $m-1$ 次迭代的总步行距离；

W_{PD}——从停车场 P 到目的地 D 的步行距离。

步骤 4：计算路段速度和出行时间。

路段密度计算如下：

$$g_a^m = \frac{x_a^m}{L_a} \tag{5.14}$$

式中 g_a^m——第 m 次迭代路段 a 上的车辆密度;

x_a^m——第 m 次迭代路段 a 上的交通流量,根据车辆属性 A 和 B 进行加载,即将所有车辆按照属性 A 和 B 加载到路段 $A{\rightarrow}B$ 上。

为了描述道路路段上车辆速度和密度之间的关系,Li 等[118]提出了一种交通流模型:

$$v_a^m = \begin{cases} v_{af}, & g_a^m \leqslant g_{ab}, \\ v_{a0} + (v_{af} - v_{a0}) \left(1 - \dfrac{g_a^m - g_{ab}}{g_{aj} - g_{ab}}\right)^\theta, & g_{ab} < g_a^m \leqslant g_{aj} \end{cases} \quad (5.15)$$

式中 v_{af}——路段 a 上的自由流速度;

v_{a0}——路段 a 上的最小行驶速度;

g_{ab}——路段 a 上的临界密度;

g_{aj}——路段 a 上的堵塞密度;

θ——参数。

路段上行驶时间计算如下:

$$t_a^m = \frac{L_a}{v_a^m} \quad (5.16)$$

步骤 5:计算停车场利用率。

停车场中的停车流量更新为

$$x_j^m = \max(x_j^{m-1} + H_j^m - E_j^m, 0) \quad (5.17)$$

式中 x_j^m,x_j^{m-1}——第 m 次和第 $m-1$ 次迭代停车场 j 的停车流量;

H_j^m——第 m 次迭代到达停车场 j 的停车流量;

E_j^m——第 m 次迭代离开停车场 j 的停车流量。

各停车场利用率计算如下:

$$r_j^m = \frac{x_j^m}{C_j} \quad (5.18)$$

如果 $r_j^m \geqslant s_j$,则第 m 次迭代停车信息板发布停车场 j 已满;否则,发布停车

场 j 的可用车位数。其中，s_j 为发布停车场 j 停车信息采用的利用率阈值，$0 \leqslant s_j \leqslant 1$。

步骤 6：仿真结束规则。

如果当前迭代次数达到最大迭代次数，即 $m=M$，则终止迭代并且输出主要决策点集合 U、停车诱导可靠性、平均行驶时间和平均步行距离等参数；否则，令 $m=m+1$，返回步骤 1。其中，平均行驶时间计算为

$$\Gamma = \frac{\Gamma^M}{N_Y} \tag{5.19}$$

式中　Γ——平均行驶时间；

　　　Γ^M——第 M 次迭代的总行驶时间；

　　　N_Y——集合 Y 中的车辆数量。

平均步行距离计算为

$$\Upsilon = \frac{\Upsilon^M}{N_Y} \tag{5.20}$$

式中　Υ——平均步行距离；

　　　Υ^M——第 M 次迭代的总步行距离。

5.3.2　寻找主要决策点及所采用的停车场利用率阈值

基于 Agent 仿真模型可以捕捉驾驶员对于停车信息的动态反应，从而获得主要决策点空间位置及累计出现次数，还可以得到由差别化发布方法产生的停车诱导可靠性。在此基础上，筛选主要决策点和确定差别化发布方法所采用的停车场利用率阈值。

(1) 寻找主要决策点。首先，在所有交叉口都设置停车信息板；其次，采用基于 Agent 仿真模型获得主要决策点空间位置及累计出现次数；最后，根据式(5.2)筛选主要决策点。

(2) 确定差别化发布方法所采用的停车场利用率阈值。一般情况下，容易较快达到饱和状态的停车场发布停车信息所采用的利用率阈值需要降低一些，

即需要预留更多车位，从而避免因流向该停车场的停车流量过大而导致发布该停车场信息的停车诱导可靠性较低。同时，如果停车信息板所在位置至发布停车信息的停车场之间的行驶时间较长，那么该停车信息板提供的停车信息就可能会严重过期，从而发布该停车场停车信息所采用的利用率阈值也需要降低一些。此外，如果停车信息板发布一个停车场状态为满，那么区域内其他临近停车场就会吸引更多转移停车流量。诸如这样的问题，会增加确定不同停车场发布停车信息所采用的利用率阈值的难度，从而超出传统交通流模型和数学优化方法的处理范围。下文将会对如何确定不同停车场发布信息采用的利用率阈值进行更为详尽的阐述，从而为差别化发布方法的具体实施提供底层决策支持。

图 5-6 展示了确定停车信息板发布停车信息所采用的利用率阈值的决策过程。首先，区域内所有停车场均采用实时发布方法进行停车信息发布。其次，基于 Agent 仿真模型进行评价，筛选停车诱导可靠性最低的停车场，降低其发布停车信息采用的利用率阈值，在每次迭代时均降低一定幅度（如 0.01）。重复上述修改停车场利用率阈值的步骤，直至所有停车诱导可靠性均大于给定数值（例如，给定数值为 85%）。这个最低停车诱导可靠性可以通过分析停车诱导既定目标和驾驶员特征（例如，对停车诱导服务的情绪、态度和满意度等）得出。最后，得到所有停车场在信息板上发布停车信息所采用的利用率阈值。这样，由发布任意停车场停车信

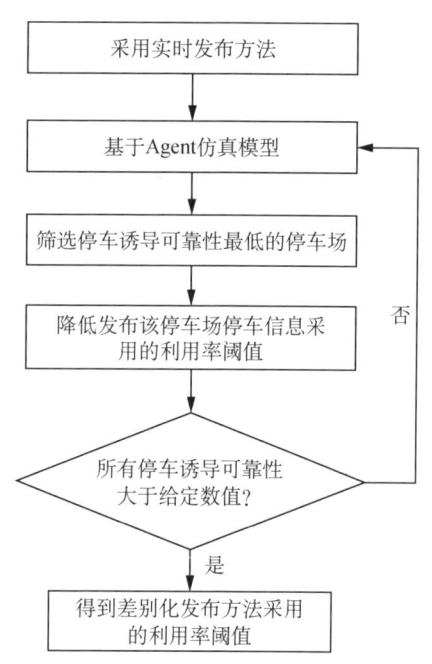

图 5-6 确定各停车场利用率阈值的决策过程

息所产生的停车诱导可靠性不至于很低，可以提高停车诱导遵守率，从而有效地提高在实际情景中的停车诱导效果。

5.4 停车信息板案例分析

本节以上海市徐家汇商圈为例，验证所提出的停车信息板选址优化及动态信息发布方法的有效性。该商圈位于上海市市区西南部，为上海四大城市副中心之一。徐家汇商圈是集购物、休闲、娱乐、商贸和办公为一体的综合性商业中心，始建于 20 世纪 90 年代，目前拥有港汇恒隆广场、美罗城、东方商厦、太平洋百货和汇金百货等一大批中高端销售服务商场，主要服务对象为市区西南部的居民。徐家汇商圈核心区域东起宛平路，西至宜山路，北起广元路，南至南丹路，占地面积约为 $4.04\ km^2$，覆盖半径超过 800 m，其中心位于 5 条道路的交叉口，这 5 条道路分别是华山路、虹桥路、漕溪北路、肇嘉浜路和衡山路。徐家汇商圈道路概况如图 5-7 所示。

图 5-7　徐家汇商圈道路概况

图 5-8 展示了徐家汇商圈核心区域以及外围主要道路网络，该网络边界线由 6 条道路构成，这 6 条道路分别是淮海西路、淮海中路、乌鲁木齐南路、东安路、中山南二路和凯旋路。一共由 82 个普通交叉口、159 个路段、5 个出发地(编号分别为 1~5)、2 个目的地(编号分别为 6 和 7)和 6 个主要停车场(编号分别为 8~13)构成。路段标注数字是路段长度(单位：m)，其中出发地和目的地构成了 10 个 OD 对。简单起见，假设每个 OD 对之间的车辆到达率均为

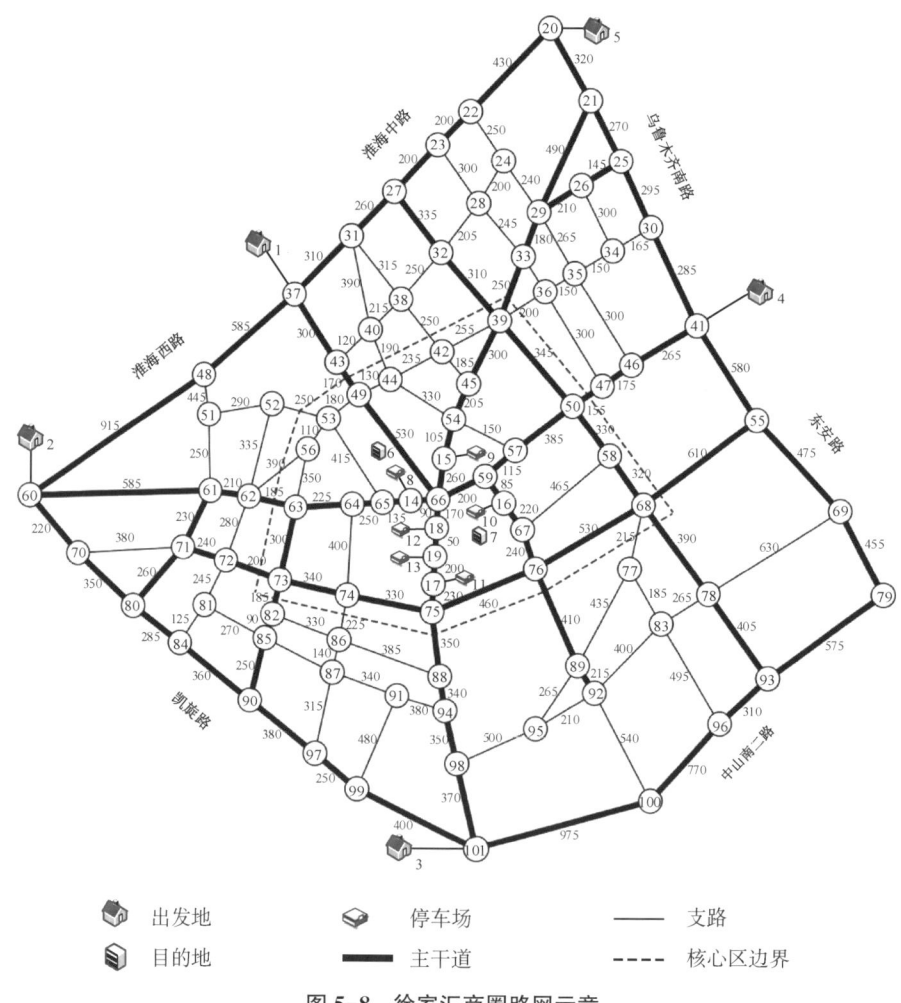

图 5-8 徐家汇商圈路网示意

4 pcu/min，各停车场车辆离开率均为 2 pcu/min。图中粗线表示的道路为主干道，细线表示的为支路。主干道和支路上的自由流速度分别为 60 km/h 和 30 km/h，所有道路的最小速度均为 5 km/h。徐家汇商圈核心区域 6 个主要停车场总计拥有 2 768 个车位，各停车场规模容量和收费费率如表 5-2 所示。

表 5-2　徐家汇商圈主要停车场规模容量和收费费率

停车场编号	名称	规模容量/个	收费费率/(元·h^{-1})
8	港汇中心停车场	1 260	10
9	汇金百货停车场	500	9
10	美罗城停车场	191	15
11	中金国际广场停车场	333	10
12	上海实业大厦停车场	250	15
13	圣爱大厦停车场	234	10

各停车场至目的地的步行距离如表 5-3 所示。

表 5-3　徐家汇商圈各停车场至目的地的步行距离　　单位：m

停车场编号	目的地	
	6	7
8	330	390
9	390	450
10	570	130
11	860	510
12	550	285
13	595	430

5.4.1　停车信息板选址优化案例

首先，在路网所有交叉口都设置停车信息板，这样驾驶员就能获得较为良好的停车信息。然后，采用基于 Agent 仿真模型获得主要决策点空间位置

（分离交叉口）及累计出现次数，如表 5-4 所示。

表 5-4 主要决策点空间位置及累计出现次数

分离交叉口	累计出现次数	分离交叉口	累计出现次数	分离交叉口	累计出现次数
66→18	303	16→67	8	71→72	2
66→59	242	67→76	7	59→57	2
49→66	143	66→49	6	72→73	2
18→19	102	74→75	6	37→43	1
57→59	94	45→39	6	49→43	1
59→66	82	39→50	6	47→50	1
14→66	70	60→61	5	32→39	1
50→57	64	58→68	5	45→42	1
88→75	42	45→54	5	49→44	1
19→17	30	68→76	4	67→58	1
15→54	29	64→74	4	65→53	1
59→16	26	16→59	4	73→74	1
75→76	18	50→39	3	37→31	1
15→66	17	20→21	3	42→45	1
76→75	16	61→71	3	53→56	1
18→66	14	43→49	3	63→73	1
76→67	13	58→50	3	44→40	1
17→75	12	44→54	3	60→48	1
65→64	12	39→45	2	44→49	1
50→58	11	57→50	2	56→53	1
14→65	10	58→67	2	55→68	1
75→17	10	57→54	2	67→16	1
17→19	8	19→18	2	53→49	1
54→57	8	54→44	2		
54→45	8	64→63	2		

假设最大允许停车信息板数量不超过 15 个，选择出现次数较多的分离交叉口作为主要决策点。因此，主要决策点为：66→18、66→59、49→66、18→19、57→59、59→66、14→66、50→57、88→75、19→17、15→54、59→16、75→76、15→66 和 76→75。主要决策点位置如图 5-9 所示，总共设置 15 个停车信息板就可以较好地实现停车诱导功能。所有主要决策点基本上都位于徐家汇商圈核心区域内。将拥有良好停车信息的场景命名为方案 1，在主要决策点设置信息板的场景命名为方案 2。

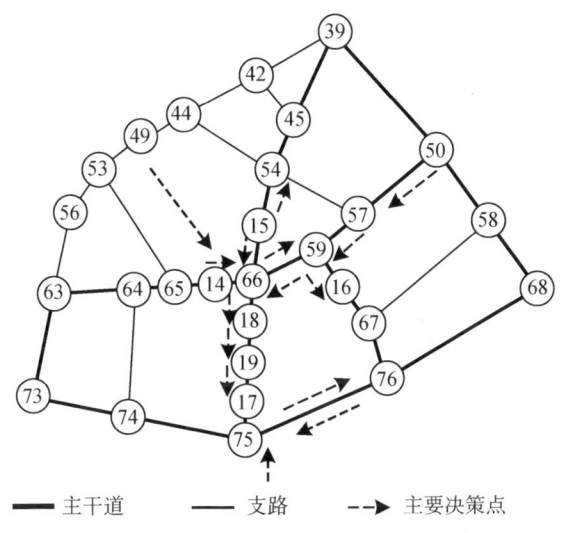

图 5-9 主要决策点位置示意

图 5-10 展示了各停车场利用率的变化情况。由于停车选择行为模型中没有考虑可用车位数量，因此大容量停车场的利用率相对较低。与方案 1 相比，热点停车场 P10 的利用率较低，与停车场 P12 和 P13 一起成为方案 2 中最受欢迎的停车场，这表明方案 2 中各停车场的利用率更加均匀。在方案 2 中，热点停车场达到饱和的速度变慢，而其他非热点停车场的利用率得到提高。方案 1 在所有交叉口都设置停车信息板，驾驶员能够获得较为良好的停车信息。然而，过多的停车信息板不仅增加了停车诱导系统的建设成本，还可能引发停车竞争，造成热点停车场利用率偏高。相较于方案 1，方案 2 中的停车信息板数量大幅降低，停车场利用率更加均衡。

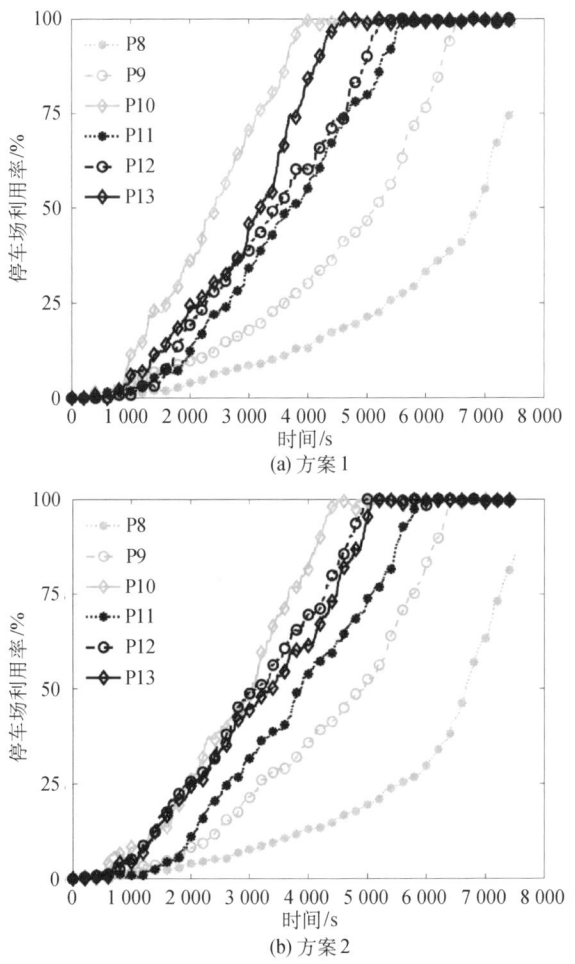

图 5-10 两个方案下停车场利用率变化情况

表 5-5 展示了两个停车信息板选址优化方案获得的车辆平均行驶时间和驾驶员平均步行距离。方案 1 的车辆平均行驶时间和驾驶员平均步行距离分别为 1 153.62 s 和 443.04 m，方案 2 的车辆平均行驶时间和驾驶员平均步行距离分别为 1 134.12 s 和 441.17 m。因此，方案 2 略优于方案 1，车辆平均行驶时间减少了 1.69%，驾驶员平均步行距离减少了 0.42%。考虑到多数驾驶员的停车信息需求，本书提出在主要决策点设置信息板的方法是可行的，并给出了较为合理的停车信息板数量。

表 5-5　两个停车信息板选址优化方案获得的车辆平均行驶时间和驾驶员平均步行距离

方案	车辆平均行驶时间/s	驾驶员平均步行距离/m
1	1 153.62	443.04
2	1 134.12	441.17

5.4.2　停车信息板动态信息发布案例

当前普遍采用的停车信息发布方法包括实时发布方法和相同信息发布方法。实时发布方法直接发布实时采集的停车信息，即发布所有停车场停车信息采用的利用率阈值均为100%；相同信息发布方法让热点停车场采用相同的利用率阈值，如0.9或0.95。同样以上海市徐家汇商圈作为研究案例，为了更好地反映动态信息发布方法与停车诱导可靠性之间的关系，所有停车信息板都位于核心区主要入口处，具体位置如图5-11所示。

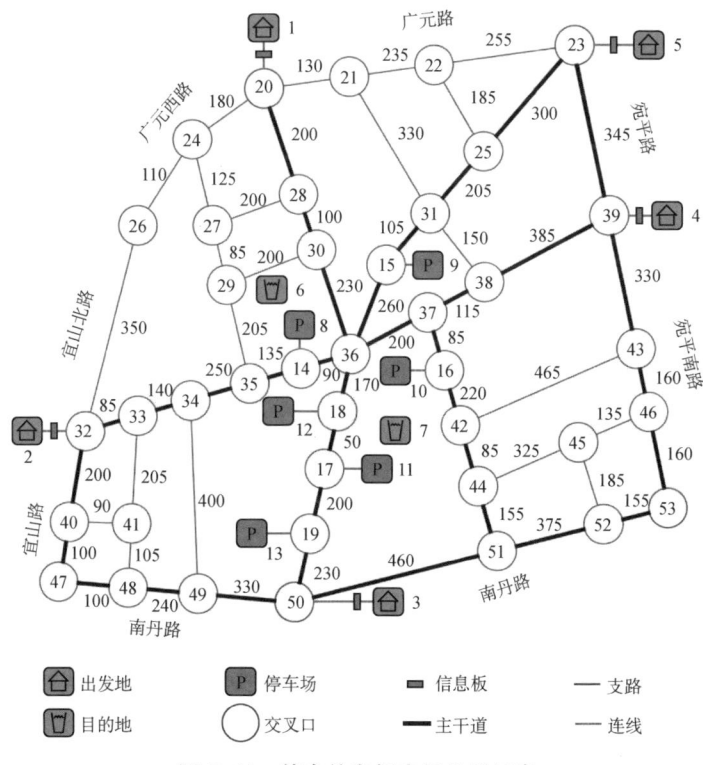

图 5-11　停车信息板空间位置示意

1. 实时发布方法

首先，将所有停车场利用率阈值设为1.00，并将其导入基于Agent仿真模型。假设仿真从早晨开始，此时所有停车场的初始状态为没有停放车辆。从0 s到2 200 s的初始时间段内，所有停车场都拥有可用车位。为了比较不同动态信息发布方法从热点停车场转移多余停车需求的能力，舍弃了初始时间段内的仿真结果。停车场P8、P9、P10、P11、P12和P13的停车诱导可靠性分别为100%、78.27%、39.77%、74.15%、59.48%和60.74%。预留车位总数、车辆平均行驶时间和驾驶员平均步行距离分别为0、106.18 s和439.39 m。

2. 相同信息发布方法

将所有停车场利用率阈值依次设置为0.99，0.98，0.97，0.96和0.95，即每次仿真中的停车场利用率阈值均降低0.01，并导入基于Agent仿真模型。表5-6展示了每次仿真获得的停车诱导可靠性。从表中可以得出，停车诱导可靠性随着停车场利用率阈值减小而明显上升。在第5次迭代中，最低停车诱导可靠性为71.93%。对于停车场P8，始终没有达到饱和状态，因此所有迭代中的停车诱导可靠性均为100%。

表5-6 由相同信息发布方法获得的停车诱导可靠性　　　　单位:%

修改次数	停车场编号					
	8	9	10	11	12	13
1	100.00	90.13	51.05	79.65	66.71	65.80
2	100.00	92.91	49.71	87.43	76.87	72.80
3	100.00	95.21	66.49	88.94	81.99	77.73
4	100.00	98.43	68.56	92.87	85.99	82.10
5	100.00	99.00	71.93	94.71	89.33	87.10

表5-7展示了从相同信息发布方法获得的预留车位总数、车辆平均行驶时间和驾驶员平均步行距离。随着停车场利用率阈值降低，预留车位总数增加，而车辆平均行驶时间和驾驶员平均步行距离减少。

表 5-7 由相同信息发布方法获得的预留车位总数、车辆平均行驶时间和驾驶员平均步行距离

修改次数	预留车位总数	车辆平均行驶时间/s	驾驶员平均步行距离/m
1	15	104.13	437.20
2	30	101.81	438.43
3	45	101.33	436.80
4	60	99.63	436.50
5	75	99.52	436.20

3. 差别化发布方法

为了确定差别化发布方法采用的停车场利用率阈值,采用基于 Agent 仿真模型进行仿真。在每次仿真之后,选择停车诱导可靠性最低的停车场,并将对应的停车场利用率阈值降低一定幅度(如 0.01)。然后,将降低后的停车场利用率阈值导入基于 Agent 仿真模型。所采用的停车场利用率阈值如表 5-8 所示。

表 5-8 差别化发布方法采用的停车场利用率阈值　　　　单位:%

修改次数	停车场编号					
	8	9	10	11	12	13
1	100	100	100	100	100	100
2	100	100	99	100	100	100
3	100	100	98	100	100	100
4	100	100	97	100	100	100
5	100	100	97	100	99	100
6	100	100	97	100	99	99
7	100	100	97	99	99	99
8	100	100	97	99	99	98
9	100	100	97	99	98	98
10	100	100	97	99	98	97
11	100	100	96	99	98	97

(续表)

修改次数	停车场编号					
	8	9	10	11	12	13
12	100	100	96	99	97	97
13	100	99	96	99	97	97
14	100	99	96	98	97	97
15	100	99	95	98	97	97
16	100	99	94	98	97	97
17	100	99	94	98	97	96
18	100	99	94	98	96	96
19	100	99	94	97	96	96
20	100	99	94	97	96	95

由差别化发布方法得到的停车诱导可靠性如表5-9和图5-12所示。在表5-9中，以第1次迭代为例，停车场P10的停车诱导可靠性最低，为45.49%。因此，相应的停车场利用率阈值降低0.01。重复修改过程，直到所有停车诱导可靠性都高于理想数值，例如85%。经过20次修改，停车诱导可靠性最低值为85.03%，高于理想数值，因此修改过程结束。由图5-12可得：随着停车场利用率阈值降低，停车诱导可靠性逐步升高，因此该修改过程是可行的。

表5-9 由差别化发布方法得到的停车诱导可靠性　　　单位：%

修改次数	停车场编号					
	8	9	10	11	12	13
1	100	80.51	45.49[a]	70.30	59.62	56.10
2	100	77.50	55.91	70.07	56.33	56.95
3	100	97.90	37.19	70.56	56.19	55.70
4	100	77.54	70.28	69.32	57.13	58.76
5	100	76.58	70.82	69.27	73.90	55.10
6	100	78.35	67.83	64.89	69.24	68.94

（续表）

修改次数	停车场编号					
	8	9	10	11	12	13
7	100	79.88	72.42	79.21	65.76	<u>64.13</u>
8	100	77.35	69.45	83.07	<u>63.51</u>	73.63
9	100	78.14	74.86	75.45	82.50	<u>72.80</u>
10	100	74.77	<u>67.85</u>	77.93	80.33	80.76
11	100	77.57	82.56	75.70	<u>75.01</u>	81.97
12	100	<u>76.39</u>	76.79	78.69	83.71	78.47
13	100	87.13	79.48	<u>75.06</u>	81.28	83.33
14	100	86.41	<u>77.23</u>	84.50	84.46	79.63
15	100	86.24	<u>77.86</u>	83.89	81.20	78.56
16	100	86.94	83.18	84.34	81.55	<u>77.45</u>
17	100	85.33	86.64	84.52	<u>79.60</u>	89.14
18	100	86.08	87.95	<u>83.73</u>	87.95	87.25
19	100	86.78	84.55	87.94	88.64	<u>83.09</u>
20	100	86.85	85.95	<u>85.03</u>	87.75	90.24

a 下划线表示每次迭代获得的停车诱导可靠性最小值。

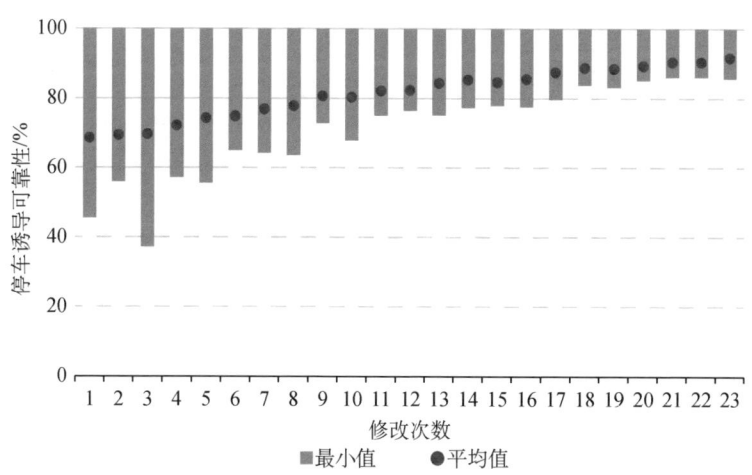

图 5-12 由差别化发布方法得到的停车诱导可靠性

表 5-10 展示了由差别化发布方法得到的预留车位总数、车辆平均行驶时间和驾驶员平均步行距离。随着停车场利用率阈值降低,预留车位总数增加,而车辆平均行驶时间和驾驶员平均步行距离减少。

表 5-10　由差别化发布方法得到的预留车位总数、车辆平均行驶时间和驾驶员平均步行距离

修改次数	预留车位总数	车辆平均行驶时间/s	驾驶员平均步行距离/m
1	2	105.23	440.70
2	4	105.10	439.99
3	6	104.94	440.44
4	8	103.82	439.55
5	11	103.12	439.28
6	14	102.46	440.15
7	16	101.79	440.56
8	19	101.38	440.07
9	21	101.53	438.45
10	23	100.70	439.43
11	25	100.30	437.59
12	30	100.54	439.03
13	34	100.70	439.03
14	36	100.30	438.90
15	38	100.54	439.19
16	40	100.94	437.84
17	42	99.53	437.88
18	46	99.66	438.47
19	48	99.30	437.47
20	51	99.16	437.23

4. 对 3 种发布方法进行对比分析

从以下两个角度对 3 种发布方法进行对比分析:一是能否有效地将多余的停车需求从热门停车场转移到利用率较低的备选停车场;二是在预留相同数量车位的情况下,差别化发布方法是否优于相同信息发布方法。

5 停车信息板选址优化及动态信息发布方法

(1) 转移多余停车需求的能力。

将实时发布方法命名为方案1，将采用第5次修改后停车场利用率阈值的相同信息发布方法命名为方案2，将采用第20次修改后停车场利用率阈值的差别化发布方法命名为方案3。图5-13展示了由3种信息发布方法获得的随时间变化的停车场利用率。在这3个方案中，停车场P8的利用率最低，而其他停车场均较快达到饱和状态。与实时发布方法(方案1)相比，相同信息发布方法(方案2)和差别化发布方法(方案3)都能较好地将多余停车需求从热点停车场转移到利用率较低的备选停车场。各停车场达到饱和时刻后，其利用率

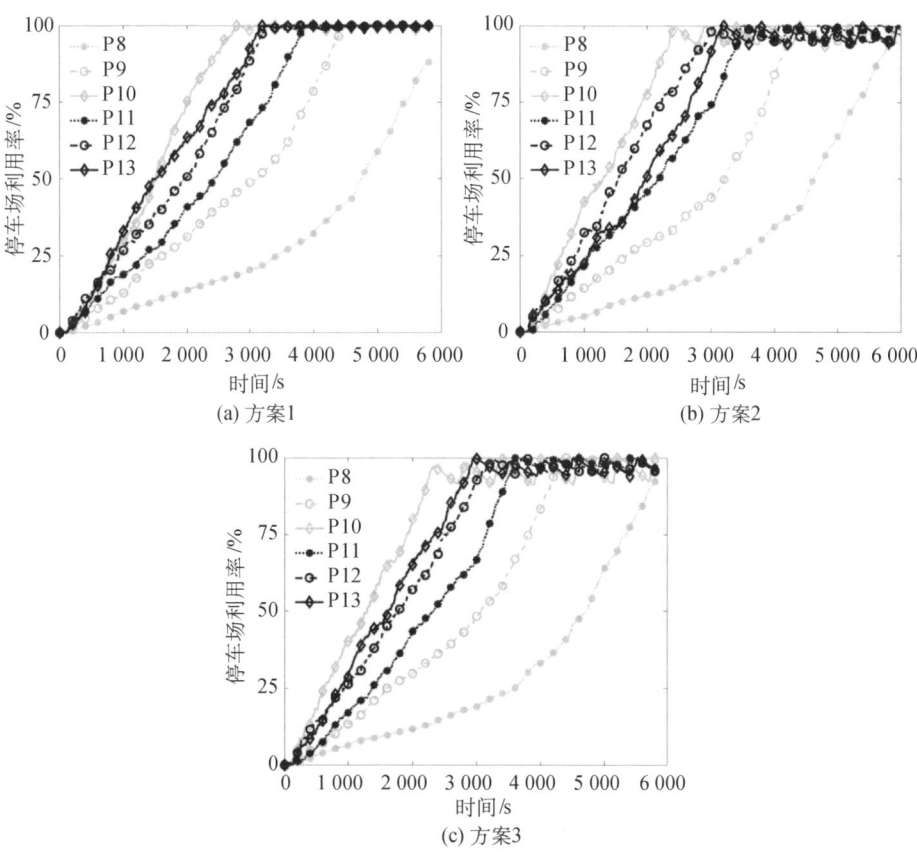

图5-13 由3种发布方法得到的停车场利用率变化

最小值接近给定的阈值。对于差别化发布方法，停车场采用的利用率阈值一般取决于其吸引能力，即吸引能力较大的停车场应采用较小的利用率阈值。

（2）预留相同数量车位。

在预留相同数量车位的情况下，比较实时发布方法、相同信息发布方法和差别化发布方法。采用第 1 次修改后停车场利用率阈值的相同信息发布方法和采用第 6 次修改后停车场利用率阈值的差别化发布方法大约预留了 15 个车位。同样，比较采用第 2 次修改后停车场利用率阈值的相同信息发布方法和采用第 12 次修改后停车场利用率阈值的差别化发布方法，以及采用第 3 次修改后停车场利用率阈值的相同信息发布方法和采用第 18 次修改后停车场利用率阈值的差别化发布方法，它们预留车位总数分别约为 30 个和 45 个。

表 5-11 展示了 3 种发布方法得到的预留车位总数、停车诱导可靠性最小值、车辆平均行驶时间和驾驶员平均步行距离。与实时发布方法相比，相同信息发布方法和差别化发布方法显著提高了停车诱导可靠性。在没有预留车位的实时发布方法下，车辆平均行驶时间和驾驶员平均步行距离较大。在预留相同数量车位情况下，采用第 6 次修改后停车场利用率阈值的差别化发布方法略优于采用第 1 修改后停车场利用率阈值的相同信息发布方法，车辆平均行驶时间减少了 1.60%，驾驶员平均步行距离增加了 0.67%。与采用第 2 次修改后停车场利用率阈值的相同信息发布方法相比，采用第 12 次修改后停车场利用率阈值的差别化发布方法获得的车辆平均行驶时间减少了 1.25%，然而驾驶员平均步行距离增加了 0.14%。与采用第 3 次修改后停车场利用率阈值的相同信息发布方法相比，采用第 18 次修改后停车场利用率阈值的差别化发布方法获得的车辆平均行驶时间降低了 1.65%，然而驾驶员平均步行距离增加了 0.38%。由此可得，在交通量较小的情况下，停车诱导可靠性提升导致的车辆行驶时间降低效果不太显著。然而，停车诱导可靠性提升却很有意义，将直接影响驾驶员是否信任和遵守停车信息板发布的停车信息。

表 5-11 由 3 种发布方法得到的预留车位总数、停车诱导可靠性
最小值、车辆平均行驶时间和驾驶员平均步行距离

发布方法	修改次数	预留车位总数	停车诱导可靠性最小值/%	车辆平均行驶时间/s	驾驶员平均步行距离/m
实时	0	0	39.77	106.18	439.39
相同信息	1	15	51.05	104.13	437.20
	2	30	49.71	101.81	438.43
	3	45	66.49	101.33	436.80
差别化	6	14	64.89	102.46	440.15
	12	30	76.39	100.54	439.03
	18	46	83.73	99.66	438.47

6 面向停车预订系统的停车分配模型

6.1 停车流量分配

本章首先讨论如何恰当地将高峰时段内的停车流量分配至各停车场。然后，提出了一种移动修正法来计算每个时间各停车场允许分配的停车流量。

6.1.1 各停车场允许分配的停车流量

为了解决高峰时段停车流量与停车场入口通行能力不匹配的问题，向停车场分配的停车流量应与停车场入口通行能力成正比。由于所有车辆数都是整数，因此在每个时间严格按照停车场入口通行能力占比分配停车流量是不太现实的。然而，可以在若干个连续分配区间内，按照停车场入口通行能力占比分配停车流量。

图 6-1 展示了各停车场允许分配的停车流量。下划线表示在每个时间 3 个停车场入口的通行能力。Q_j^h [$h=m-(N+1)$，$m-N$，$\cdots$，$m-3$，$m-2$，$m-1$，m] 为在时间 h 允许分配至停车场 j 的停车流量。其中，m 为当前分配区间或时间(时间 m 是第 m 分配区间的开始时刻)，N 为过去分配区间数。根据过去 N 个分配区间得到的分配结果(例如，浅色界线范围内 $m-N$ 至 $m-1$ 分配区间)，在 $N+1$ 个分配区间(包含过去 N 个和当前的分配区间)内按照停车场入口通行能力占比分配停车流量。为了阐述移动修正方法，

如式(6.5)所示，m 和 N 分别假设为 7 和 5，并且在第 $m-(N+1)$ 至第 m 分配区间内的停车需求分别假设为 7，8，9，10，11，12 和 13。在每个分配区间内，各停车场允许分配的停车流量以黑点表示。例如，在第 $m-N$ 分配区间内，停车场 P1、P2 和 P3 分别分配了 1 辆、2 辆和 5 辆车。在第 $m-(N+1)$ 至第 $m-1$ 分配区间内，停车场 P1、P2 和 P3 分别分配了 8 辆、16 辆和 33 辆车。在第 $m-N$ 到第 m 分配区间内，停车场 P1、P2 和 P3 分别分配了 9 辆、18 辆和 36 辆车。显然，在这两个 $N+1$ 个连续分配区间[即从第 $m-(N+1)$ 至第 $m-1$、从第 $m-N$ 至第 m]内，各停车场被分配的停车流量与其入口通行能力大致成正比。

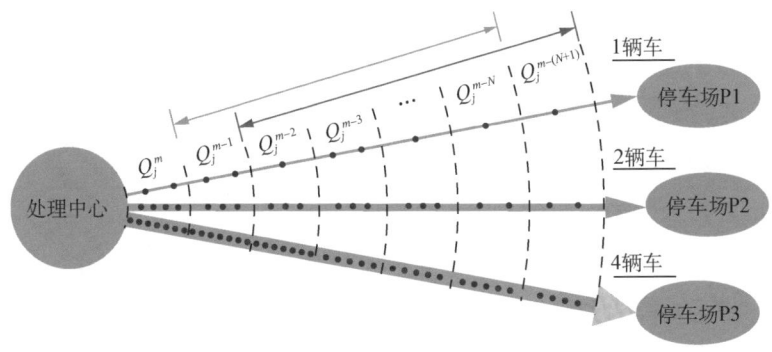

图 6-1 各停车场允许分配的停车流量

6.1.2 移动修正法及实用性分析

在当前时间，采用移动修正法计算每个停车场允许分配的停车流量，具体如式(6.1)所示。

$$Q_j^m = \left[\frac{C_j}{\sum_j C_j} \left(B^m + \sum_i \sum_j \sum_{h=m-N}^{m-1} x_{ij}^h \right) - \sum_i \sum_{h=m-N}^{m-1} x_{ij}^h \right] \tag{6.1}$$

式中　[·]——向下取整（小数位直接舍去）函数；

C_j——停车场 j 的入口通行能力；

B^m——在时间 m 应该分配的车辆总数；

x_{ij}^h——决策变量,如果车辆 i 在时间 h 分配至停车场 j,则 $x_{ij}^h=1$;否则,$x_{ij}^h=0$。

如果拥有足够的可用车位,那么所有请求停车预订的车辆都应分配至停车场;否则,将按先到(先发送停车预订请求)先服务(先分配至停车场)的原则将车辆分配至各停车场。考虑到可用车位数变化,变量 B^m 重新计算为

$$B^m = \min(E^m, \sum_j V_j^m) \tag{6.2}$$

式中 E^m——在时间 m 已发送停车预订请求但未分配至任何停车场的车辆数;

V_j^m——在时间 m 停车场 j 中的可用车位数。

接下来,阐述将式(6.1)称为移动修正法的原因。按照从第 $m-(N+1)$ 至第 $m-2$ 分配区间(图6-1中深色界线范围内)获得的分配结果,计算在时间 $m-1$ 各停车场允许分配的停车流量。按照从第 $m-N$ 到第 $m-1$ 分配区间(图6-1中浅色界线范围内)获得的分配结果,计算在下一个时间 m 各停车场允许分配的停车流量,即在下一个分配时间,式(6.1)中涉及的所有分配区间向前移动一个间隔。另外,移动修正法可以根据过去分配区间获得的分配结果对各停车场允许分配停车流量进行修正。

从两个方面对移动修正法进行实用性分析:①在每个时间,是否将所有应该分配的停车流量分配至停车场;②移动修正法是否能够保证分配给停车场的停车流量与停车场入口通行能力成正比。为了回答第一个问题,将式(6.1)修正为

$$\sum_j Q_j^m = \sum_j \left[\frac{C_j}{\sum_j C_j} \left(B^m + \sum_i \sum_j \sum_{h=m-N}^{m-1} x_{ij}^h \right) - \sum_i \sum_{h=m-N}^{m-1} x_{ij}^h \right] \tag{6.3}$$

式(6.3)可以简化为

$$\sum_j Q_j^m \leqslant B^m \tag{6.4}$$

从式(6.4)可以得出,所有停车场允许分配停车流量的总和可能小于应该分配的车辆总数。为了解决这个问题,将 B^m 替换为变量 Π^m,并重复 $\Pi^m=\Pi^m+1$ 步骤,

直到 $Q_j^m = B^m$。将式(6.1)修正为

$$Q_j^m = \left[\frac{C_j}{\sum_j C_j}(\Pi^m + \sum_i \sum_j \sum_{h=m-N}^{m-1} x_{ij}^h) - \sum_i \sum_{h=m-N}^{m-1} x_{ij}^h\right] \tag{6.5}$$

针对第二个问题，我们分析向各停车场分配的停车流量是否与停车场入口通行能力成正比。由于停车场允许分配停车流量的总和等于应分配的车辆总数，因此在时间 m 各停车场分配的停车流量等于式(6.5)获得的允许分配停车流量。在从第 $m-N$ 至第 m 分配区间内，各停车场分配的停车流量(在时间 m 分配的停车流量加上从第 $m-N$ 至第 $m-1$ 分配区间获得的分配结果)计算为

$$Q_j^{m-N,\,m} = Q_j^m + \sum_i \sum_{h=m-N}^{m-1} x_{ij}^h \tag{6.6}$$

式中，$Q_j^{m-N,m}$ 为从第 $m-N$ 至第 m 分配区间内应该分配至停车场 j 的停车流量。结合式(6.5)，式(6.6)可以改写为

$$Q_j^{m-N,\,m} = \left[\frac{C_j}{\sum_j C_j}(\Pi^m + \sum_i \sum_j \sum_{h=m-N}^{m-1} x_{ij}^h)\right] \tag{6.7}$$

由于在时间 m 变量 C_j、Π^m 和 x_{ij}^h 都已知，因此 $Q_j^{m-N,m}$ 大致与停车场入口通行能力成正比。即在 $N+1$ 个分配区间内(从第 $m-N$ 到第 m 分配区间)，移动修正法可以大致使得分配至各停车场的停车流量与停车场入口通行能力成正比。

6.2 考虑停车场入口通行能力的比例分配模型

以停车总成本最小为目标的普通分配模型[70]总结如下：

$$\min z^m = \sum_i \sum_j x_{ij}^m u_{ij}^m \tag{6.8a}$$

$$\sum_i x_{ij}^m \leqslant V_j^m \tag{6.8b}$$

$$\sum_j x_{ij}^m = 1 \qquad (6.8c)$$

$$x_{ij}^m \in \{0, 1\} \qquad (6.8d)$$

式中　z^m——在时间 m 分配到各停车场所有车辆的停车总成本；

　　　u_{ij}^m——在时间 m 车辆 i 使用停车场 j 的停车成本。

总体上，式(6.8a)是系统最优分配方案，即在最优停车流量下，每个时间上的停车总成本最小。式(6.8b)确保分配至停车场的停车流量不超过停车场中可用车位数，式(6.8c)保证每辆车能且只能分配至一个停车场。

停车成本计算如式(6.9)所示。

$$u_{ij}^m = \alpha T_{ij}^m + \beta \frac{G_i L_j}{R} + \gamma D_{ij} + \delta W_j^m \qquad (6.9)$$

式中　T_{ij}^m——在时间 m 车辆 i 分配至停车场 j 的行驶时间；

　　　G_i——车辆 i 的停车时长；

　　　L_j——在停车场 j 的收费费率；

　　　R——时间价值；

　　　D_{ij}——从停车场 j 至车辆 i 目的地之间的步行时间；

　　　W_j^m——在时间 m 停车场 j 的等待时间；

　　　$\alpha, \beta, \gamma, \delta$——每项成本的权重系数。

停车场入口处的等待时间如式(6.10)所示。

$$W_j^m = \frac{\varphi_j^m}{C_j} \qquad (6.10)$$

式中，φ_j^m 为在时间 m 停车场 j 排队长度。

若将允许分配的停车流量 Q_j^m 作为附加约束条件，则式(6.8)变成比例分配模型：

$$\min z^m = \sum_i \sum_j x_{ij}^m u_{ij}^m \qquad (6.11a)$$

$$\sum_i x_{ij}^m \leqslant V_j^m \qquad (6.11b)$$

$$\sum_i x_{ij}^m \leqslant Q_j^m \qquad (6.11c)$$

$$\sum_j x_{ij}^m = 1 \qquad (6.11d)$$

$$x_{ij}^m \in \{0, 1\} \qquad (6.11e)$$

与普通分配方案相比，考虑了停车场入口通行能力的比例分配模型能够减少停车场入口排队长度和等待时间。然而，在停车需求低谷时刻，大多数停车场允许分配的停车流量可能小于1，从而造成停车流量可能只被分配到入口通行能力最大的停车场。这说明比例分配模型更适合分配高峰时刻的停车流量，因此6.1.2节提出的移动修正法还需要进一步研究。

6.3 基于 Agent 仿真模型的停车流量分配

基于 Agent 仿真模型主要涉及 4 个实体：车辆、处理中心、停车场和路网。为了描述车辆移动和停车分配决策，赋予每辆车 11 个属性：车辆序号 ID、出发地 O、目的地 D、停车时长 G、空间坐标 F、停车分配标志 A、预订停车场 P、行驶路径 S、请求停车预订时间 T_1、到达时间 T_2、进入时间 T_3。图 6-2 展示了基于 Agent 仿真模型具体流程。

步骤 0：初始化。当前迭代次数设为 $m=1$，最大迭代次数设为 $M=86\,400$，仿真步长为 1 s，行驶速度设为自由流速度。然后，引入 Φ、Υ、Q 和 Ω 四个集合，分别用来记录等待时间、停车费用、停车场排队长度以及停车场利用率。

步骤 1：初始化车辆属性。对于每辆车，ID 为进入路网的序号，O、D 和 G 都已知。其他属性初始化如下：空间坐标 F 为车辆到路段始点的距离，停车分配标志 A 为车辆是否已经进行停车分配，预订停车场 P 为预订停车场编号，行驶路线 S 为空间坐标至预订停车场之间的最短路径，请求停车预订时间 T_1 为发送停车预订请求的时间，到达时间 T_2 和进入时间 T_3 分别为到达预订停车场入口和进入预订停车场的时间。将空间坐标 F 设置为较小数字 $\varepsilon=0.01$(表示该车辆在路段上)，将分配指示标志 A 设置为 0(表示该车辆尚

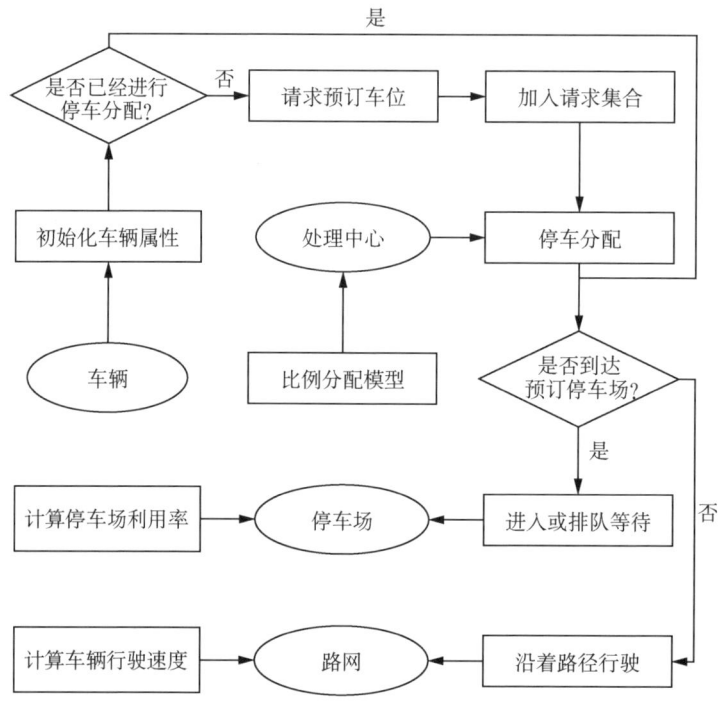

图 6-2 基于 Agent 仿真模型具体流程

未分配至任何停车场)。

步骤 2：检查是否已经进行停车分配。对于发送停车预订请求的车辆，如果停车分配指示标志 $A=0$，则应该添加到停车预订请求集合中，并且将请求停车预订时间 T_1 设置为当前时间。

步骤 3：进行停车分配。在每个时间，如果拥有足够的可用车位，根据式 (6.8) 或式 (6.11) 将所有车辆分配至各停车场；否则，将发送停车预订请求较早的车辆分配至各停车场。从停车预订请求集合中，移除所有已经进行停车分配的车辆，并将停车分配标志设置为 $A=1$。将预订停车场 P 设置为预订停车场编号，并利用迪杰斯特拉 (Dijkstra) 算法[119]计算从车辆所在位置至预订停车场 P 的行驶路径 S。

步骤 4：检查每辆车是否到达预订停车场。如果是，则将车辆从路网中移除，并将到达时间 T_2 设置为当前时间。此外，如果抵达的停车场入口处有车辆等待或正在进入,则将车辆添加到等待集合中;否则,车辆依次进入停车场,进入时间 T_3 设置为当前时间,等待时间添加到集合 Φ 中,停车费用加入集合 Υ 中。然后,所有进入停车场的车辆都从等待集合中移除。对于每辆车,等待时间更新为 T_3-T_2,停车成本按式(6.9)计算,其中行驶时间等于 T_2-T_1,停车成本和步行时间根据目的地 D、停车时长 G 和预订停车场 P 计算。停车成本由停车时长 G 和预订停车场 P 收费费率确定,步行时间根据预订停车场 P 至目的地 D 之间的步行距离来估计。即根据式(6.9)计算停车成本,其中行驶时间、停车费用、步行时间和等待时间更新为本步骤中获得的数值。

步骤 5:驶向预订停车场。对于行驶路径 S 上行驶的每辆车,如果车辆位于道路上(即 $F>0$),则按照行驶速度更新空间坐标 F;否则,车辆沿着路径行驶至下一路口。

步骤 6:更新路网上车辆的行驶速度和停车场利用率。Li 等[118]提出了路段行驶速度计算方法,如式(6.12)所示。

$$v_a^m = \begin{cases} v_{af}, & g_a^m \leqslant g_{ab}, \\ v_{a0}+(v_{af}-v_{a0})\left(1-\dfrac{g_a^m-g_{ab}}{g_{aj}-g_{ab}}\right)^\theta, & g_{ab}<g_a^m \leqslant g_{aj} \end{cases} \quad (6.12)$$

式中 v_{af}——路段 a 上的自由流速度;

v_{a0}——路段 a 上的最小行驶速度;

g_{ab}——路段 a 上的临界密度;

g_{aj}——路段 a 上的堵塞密度;

θ——参数。

停车场利用率计算如式(6.13)所示。

$$R_j^m = \frac{H_j - V_j^m}{H_j} \quad (6.13)$$

式中 R_j^m——在时间 m 停车场 j 的利用率;

H_j——停车场 j 的容量。

步骤 7:如果达到最大迭代次数 M,则仿真终止,输出排队长度、停车场利用率、等待时间和停车费用；否则，将每个停车场排队长度添加到集合 Q 中，将停车场利用率加入集合 Ω 中，令 $m=m+1$，然后返回步骤1。

6.4 面向停车预订系统的停车流量分配案例分析

为了验证6.2节提出的比例分配模型的有效性，以上海市五角场商圈为例进行分析。如图6-3所示为上海市五角场商圈路网，该区域边界为国定路、国定东路、国和路、政立路，拥有61个节点，其中7个为起始点(节点1~7)，2个为目的地(节点8和9)，9个为主要停车场(节点10~18)，其余为普

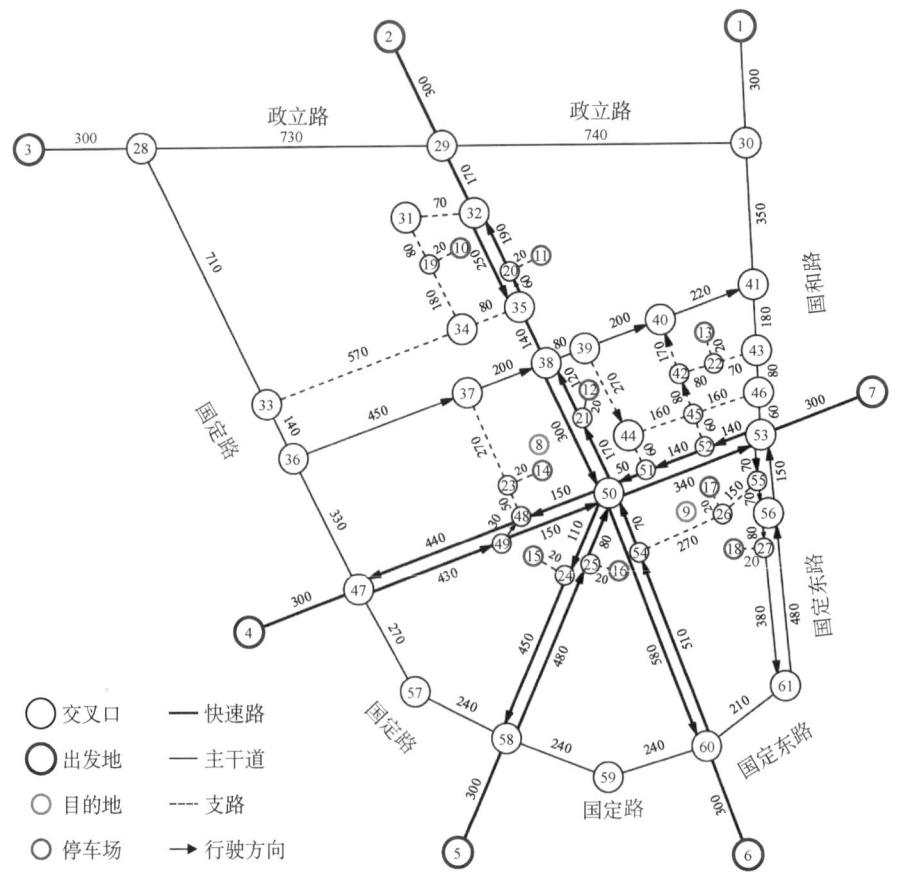

图6-3 上海市五角场商圈路网

通交叉口。该区域共拥有 14 个 OD 对，总计 83 条路段，假设所有停车场入口前路段足够容纳可能的排队长度。路段旁的数字表示路段长度（单位：m）。图中粗线、细线和虚线分别为快速路、主干道和支路，它们的自由流速度分别为 80 km/h、60 km/h 和 40 km/h。迭代次数从 0 至 86 400 表示整个仿真时间为从 0:00 开始的一天，共计 24 h。仿真步长和分配步长分别假设为 1 s 和 20 s。对于允许分配停车流量式(6.5)，假设参数 N 为 15，即假设采用过去 15 个分配区间来计算当前允许分配停车流量。另外，对于停车成本式(6.9)，参数 α、β、γ 和 δ 分别设为 1，3，3 和 3。主要停车场的车位总数、收费费率和入口通行能力如表 6-1 所示。

表 6-1　主要停车场的车位总数、收费费率和入口通行能力

停车场	车位总数/个	收费费率/(元·h^{-1})	入口通行能力/(辆·min^{-1})
10	450	8	6
11	490	8	6
12	306	7	6
13	900	5	12
14	760	5	12
15	210	5	6
16	207	15	6
17	1 800	15	30
18	480	5	6

假设所有驾驶员都遵守停车分配结果，能够接受在入口处等待较长时间。此外，车辆到达率和停车时长分布参照文献[120]，其中虚线框为到达率高峰时间，大致从上午 7 点至 10 点，到达率最大值约在上午 8:20，如图 6-4 所示。停车时长在 300 s 至 60 000 s 之间，累计密度从 0 至 1。对于每一辆车，停车时长由从均匀分布(0,1)获得的随机数确定。例如，如果随机数(如 0.5)大于累计密度 0.499 996(对应停车时长 11 172 s)，但是小于累计密度 0.500 024(对应停车时长 11 173 s)，则该车辆的停车时长取值为 11 173 s。

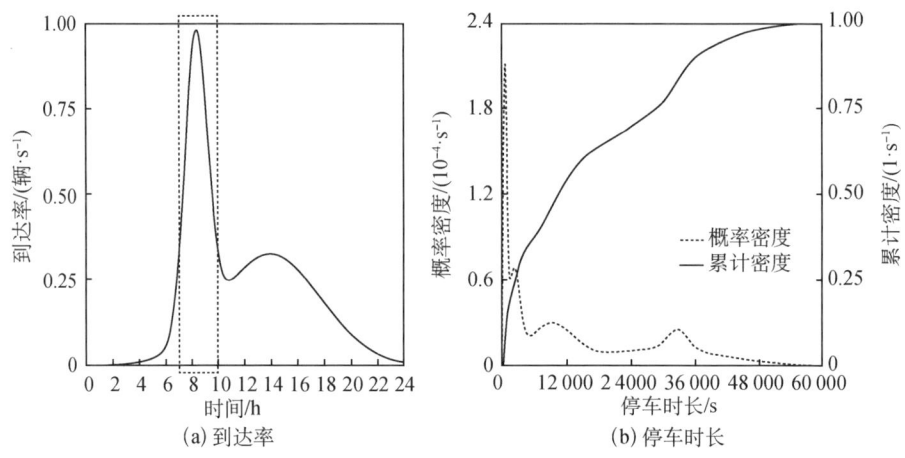

图 6-4 车辆到达率和停车时长分布

将普通分配方案命名为方案 1,比例分配模型命名为方案 2。图 6-5 展示了两种分配方案下的各停车场入口排队长度。在高峰时间,方案 1 的排队长度明显大于方案 2。在方案 2 中,最大排队长度不大于 14 辆车,平均排队长度小于 4 辆车。这说明比例分配模型有助于减少停车场入口排队长度。

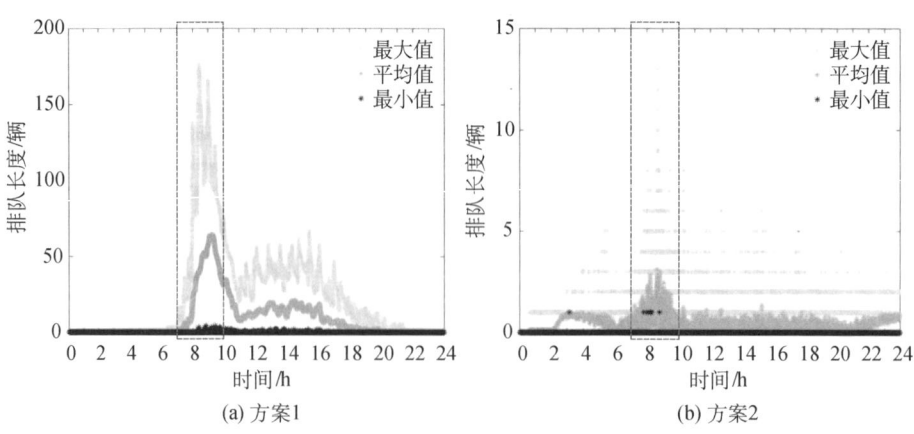

图 6-5 两种分配方案下的排队长度

6 面向停车预订系统的停车分配模型

图 6-6 展示了两种分配方案下的停车场利用率变化。在方案 1 中，各停车场快速达到饱和状态，这直接减少了有效停车场入口数量。如果停车场没有可用车位，则该停车场所有入口均视为无效，这是因为驾驶员需要等待很长时间才能获得可用车位。从方案 2 可以得出，采用比例分配模型后，热点停车场 11 和 16 的利用率显著下降，即采用比例分配模型可以让停车场利用率更加均衡，高峰时段的饱和速度也更慢。这表明比例分配模型可以更加均匀地分配停车流量，提高未得到充分利用的停车场利用率，缓解利用率较高停车场的拥挤状况。由于停车场 17 拥有较多车位（车位数量见表 6-1），即使该停车场容纳了大多数多余停车需求，其利用率只是略有增加。此外，在方案 2 中，大多数停车场在上午 8:20（到达率最大值时刻）之前没有完全饱和。这保证了高峰时间拥有更多有效入口来接纳停车流量，从而降低了停车场入口排队长度。

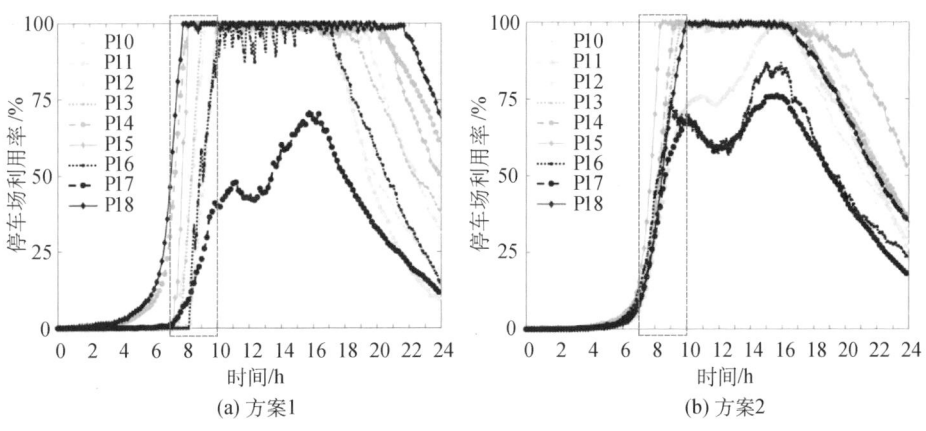

图 6-6 两种方案下的停车场利用率

表 6-2 展示了高峰时间两种分配方案获得的等待时间和停车成本。与方案 1 相比，方案 2 得到的等待时间和停车成本显著降低，其中最大值、平均值、中位数和标准差分别至少降低 31.86%、18.42%、10.61% 和 30.70%。即比例分配模型可以得到较少的等待时间（在停车场入口）和停车费用。这进一步验证了比例分配模型能够有效减少等待时间和排队长度。

表 6-2 两种分配方案的等待时间和停车成本

评价指标	最小值	最大值	平均值	中位数	标准差
OW/s	1	7 246	356	109	621
PW/s	1	226	10	5	15
DP/%	0	96.88	97.06	95.41	97.51
OC/s	518	24 063	4 320	3 568	3 204
PC/s	518	16 396	3 524	3 190	2 220
DP/%	0	31.86	18.42	10.61	30.70

注：OW 和 OC 分别是普通分配方案下的等待时间和停车成本；PW 和 PC 分别是比例分配模型下的等待时间和停车成本。

7 停车机器人系统分配模型

7.1 停车机器人系统分配建模

本章首先介绍停车机器人分配问题。然后,构建为停车机器人分配车辆和将车辆分配至目的地的两阶段分配模型。在停车场中,往往只配置少量停车机器人,用来将到达车辆搬运至车位或者将离开车辆运送至出口。因此,为了提高有限数量停车机器人的使用效率,需要恰当地将车辆分配给停车机器人。

7.1.1 停车机器人分配问题

为了阐述停车机器人分配问题,图 7-1 展示了拥有 2 个出入口和 42 个车位的停车场。停车机器人将会在目标车辆所在位置举起目标车辆并在目的地放下所载运车辆。黑线和灰线分别表示驶入路径和离开路径,虚线和实线分别为空驶路径和满载路径。驶入路径和离开路径都可以分成两个阶段:①从机器人所在位置(R1)至车辆所在位置(A1、A2、A3 或 A4)的空载阶段;②从车辆所在位置至目的地(D1、D2、D3 或 D4)的满载阶段。相应地,停车机器人行驶时间也可以分为空驶时间和满载时间,如式(7.1)所示。

$$t_{ijk}^{m} = c_{ij}^{m} + \tau_{jk}^{m} \tag{7.1}$$

式中 t_{ijk}^{m}——在时间 m 从机器人 i 所在位置行驶至车辆 j 所在位置,再到目的地 k 的行驶时间估计值;

c_{ij}^{m}——在时间 m 从机器人 i 所在位置行驶至车辆 j 所在位置的空驶时间估计值;

τ_{jk}^{m}——在时间 m 从车辆 j 所在位置行驶至目的地 k 的满载时间估计值。

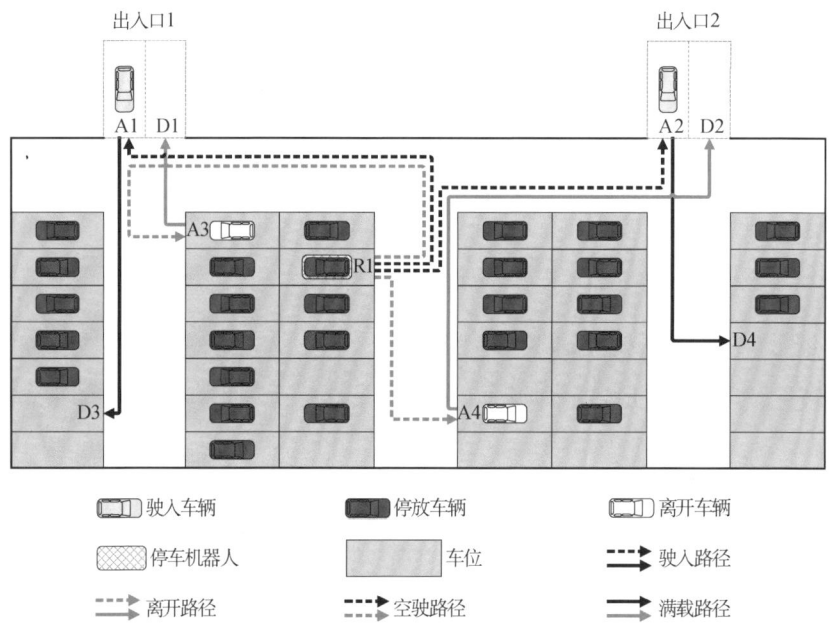

图 7-1 停车机器人分配问题示意

停车机器人空驶时间 c_{ij}^{m} 估计为

$$c_{ij}^{m} = \sum_{a} \frac{L_a}{V_a^m} \gamma_{a,f}^{ij,m} \tag{7.2}$$

式中 L_a——路段 a 的长度;

V_a^m——在时间 m 路段 a 上机器人的平均行驶速度;

$\gamma_{a,f}^{ij,m}$——相关系数,如果在时间 m 路段 a 是在从机器人 i 所在位置至车辆 j 所在位置之间最短路径 f 上,那么 $\gamma_{a,f}^{ij,m}=1$;否则,$\gamma_{a,f}^{ij,m}=0$。

停车机器人平均行驶速度 V_a^m 估计为

$$V_a^m = \begin{cases} v_a', & \text{如果} \sum_i \delta_{a,i}^m = 0, \\ \sum_i V_i^m \delta_{a,i}^m / \sum_i \delta_{a,i}^m, & \text{否则} \end{cases} \quad (7.3)$$

式中　v_a'——路段 a 上的自由流行驶时间；

　　　V_i^m——在时间 m 机器人 i 的行驶速度；

　　　$\delta_{a,i}^m$——相关系数，如果在时间 m 机器人 i 在路段 a 上，则 $\delta_{a,i}^m = 1$；否则，$\delta_{a,i}^m = 0$。

停车机器人满载时间 τ_{jk}^m 估计为

$$\tau_{jk}^m = \sum_a \frac{L_a}{V_a^m} \gamma_{a,f}^{jk,m} \quad (7.4)$$

式中，$\gamma_{a,f}^{jk,m}$ 为相关系数，如果在时间 m 路段 a 是在从车辆 j 所在位置至目的地 k 之间最短路径 f 上，那么 $\gamma_{a,f}^{jk,m} = 1$；否则，$\gamma_{a,f}^{jk,m} = 0$。

7.1.2　两阶段分配模型

以停车机器人行驶时间最短为目标构建一阶段分配模型，用来同时为机器人分配车辆和将车辆分配至目的地。对于每个停车机器人，一阶段分配模型构建如式(7.5)所示。

$$(j_i^{*m}, k_i^{*m}) = \underset{j,k}{\operatorname{argmin}}\, t_{ijk}^m \quad (7.5)$$

式中　j_i^{*m}——在时间 m 为机器人 i 分配的最优车辆；

　　　k_i^{*m}——在时间 m 为机器人 i 分配的最优目的地。

第一阶段为机器人分配最优车辆（以机器人空驶时间最短为目标），第二阶段为车辆分配最优目的地。对于每个停车机器人，两阶段分配模型的第一阶段构建如式(7.6)所示。

$$j_i^{*m} = \underset{j}{\operatorname{argmin}}\, c_{ij}^m \quad (7.6)$$

当停车机器人抵达目标车辆所在位置时，以机器人满载时间最短为目标找出最优目的地。对于每辆车，第二阶段构建如式(7.7)所示。

$$k_j^{*m} = \underset{k}{\operatorname{argmin}}\, \tau_{jk}^m \tag{7.7}$$

式中，k_j^{*m} 为在时间 m 为车辆 j 分配的最优目的地。

7.2 基于元胞自动机的仿真设计

元胞自动机是定义在一个由具有离散、有限状态的元胞组成的空间上，按照一定规则，在离散空间维度上演化的动力学系统[121]。在元胞自动机中，空间被规则网格分割为许多单元。这些网格中的每个单元都称为元胞，并且它们只能从有限离散状态中取值。不同于一般动力学模型，元胞自动机不是由严格的物理方程或函数确定，而是按照元胞状态一系列的作用规则进行演化形成的。元胞自动机适合描述停车机器人在路网上的移动过程，首先，两种元胞自动机模型(SCLL 和 NaSch)分别模拟停车机器人在交叉口和路段上的移动过程。其次，提出优先规则来解决停车机器人在路段上行驶过程中遇到的冲突。最后，提供一个元胞自动机仿真流程。

7.2.1 元胞自动机行驶规则

停车机器人按照 SCLL 规则[122]在交叉口中行驶。图 7-2 展示了一个交叉口，包含两类元胞：交叉口内的元胞(元胞 1~4)和交叉口附近的元胞(元胞 5~12)。在交叉口，假设停车机器人沿着行驶轨迹每次向前移动一个元胞。对于在交叉口内元胞中的停车机器人，如果前面元胞为空，它们向前移动一个元胞；否则，它们保持静止。对于在交叉口附近元胞中的停车机器人，如果前面元胞为空并且不会即将被交叉口内元胞中的机器人占用，它们向前移动一个元胞；否则它们保持原地不动［图 7-2(e),(f)］。图 7-2(a)展示了停车机器人在交叉口中的行驶路线。实线、虚线和点线分别表示直行、左转和右转 3 个方向的行驶路线。图 7-2(b)展示了当 4 个机器人同时驶入交叉口内 4 个空元胞时造成的交通堵塞现象。为了避免这种交通堵塞，选择其中一个机器人暂时保持静止。此外，图 7-2(c)和(d)允许机器人驶入交叉口而图 7-2(e)和(f)禁止机器人驶入交叉口。

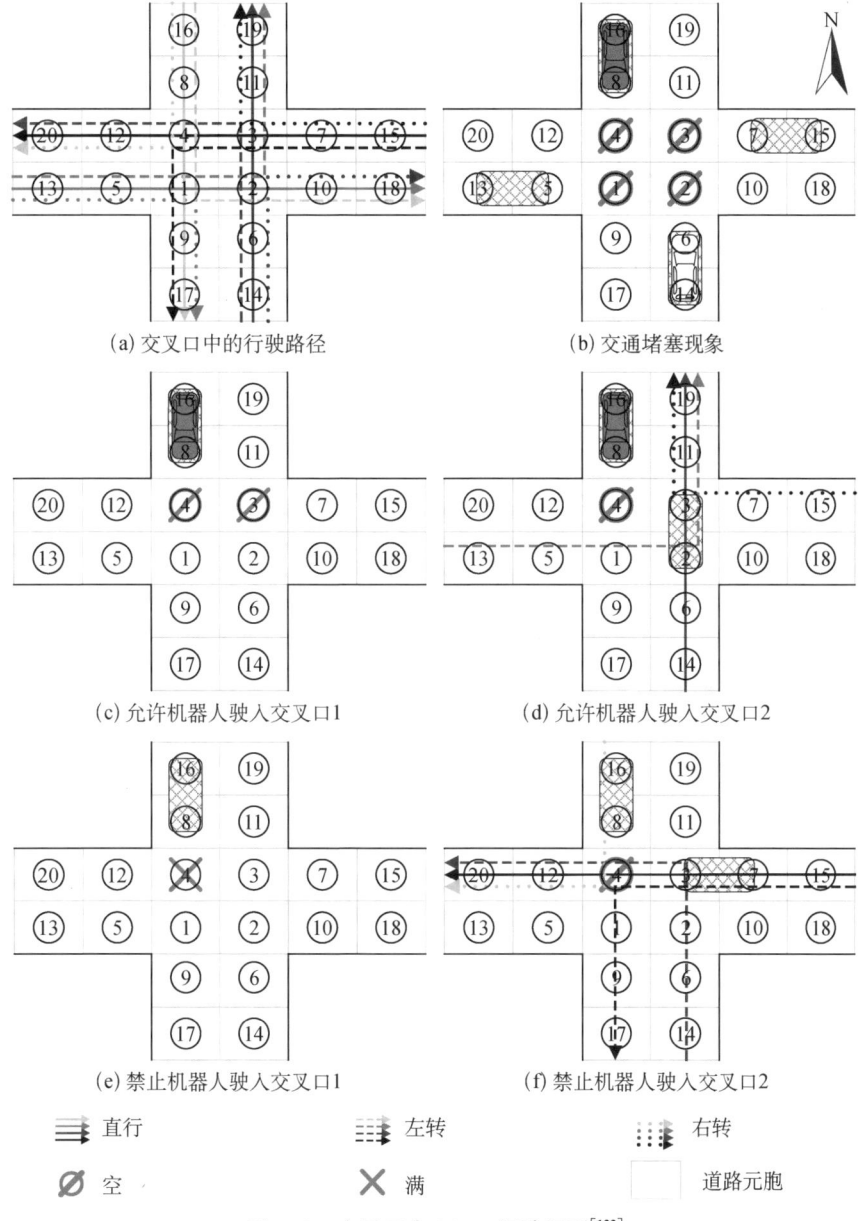

图 7-2　交叉口中 SCLL 行驶规则[122]

如果停车机器人将进入或离开车位,或者行驶在路径上最后 2 个元胞中,它们的行驶速度降低为每次向前移动 0 或 1 个元胞;否则,它们按照 NaSch 规则[123]沿着路段向前行驶。与人工驾驶车辆不同,停车机器人不会随机减速。排除随机减速之后,NaSch 规则只剩下加速和减速。加速表达如式(7.8)所示。

$$V_i^m = \begin{cases} \min(V_i^{m-1}+1, V_{\max}), & 如果 V_i^{m-1} < V_{\max}, \\ V_i^{m-1}, & 否则 \end{cases} \quad (7.8)$$

式中 V_i^{m-1}——在时间 $m-1$ 机器人 i 的行驶速度;

$V_{\max}$——机器人最大行驶速度。

同样,减速表达如式(7.9)所示。

$$V_i^m = \min(V_i^{m-1}, d_i) \quad (7.9)$$

式中,d_i 为停车机器人 i 前面的空元胞数量。

图 7-3 展示了在路段上的停车机器人的行驶路径和冲突。图 7-3(a)和(b)展示了在路段上的停车机器人通过路段、驶入车位以及离开车位的行驶路径。图 7-3(c),(d)和(e)展示了路段上车辆的行驶冲突。在图 7-3(c)中,直线行驶车辆优先于左转车辆。在图 7-3(d)中,为了避免潜在冲突,灰线上的车辆优先于黑线上的车辆。同样,在图 7-3(e)中,选择一辆车暂时保持静止。图 7-3(f)展示了驶出车位的机器人与路段上的机器人之间的行驶冲突。为了降低对路段上车辆的影响,在车位上的车辆暂时保持静止。

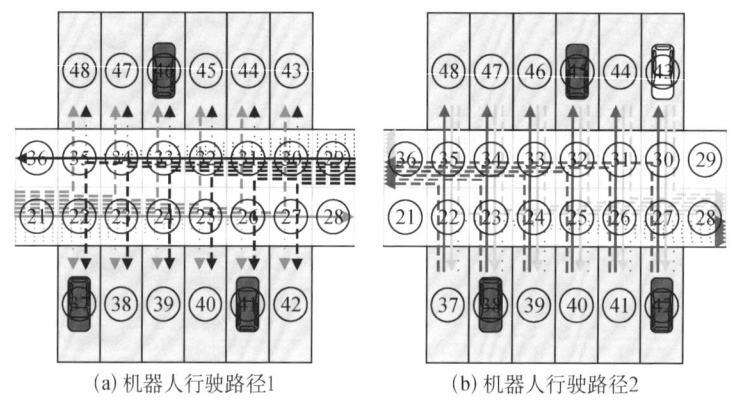

(a) 机器人行驶路径1　　　　　　(b) 机器人行驶路径2

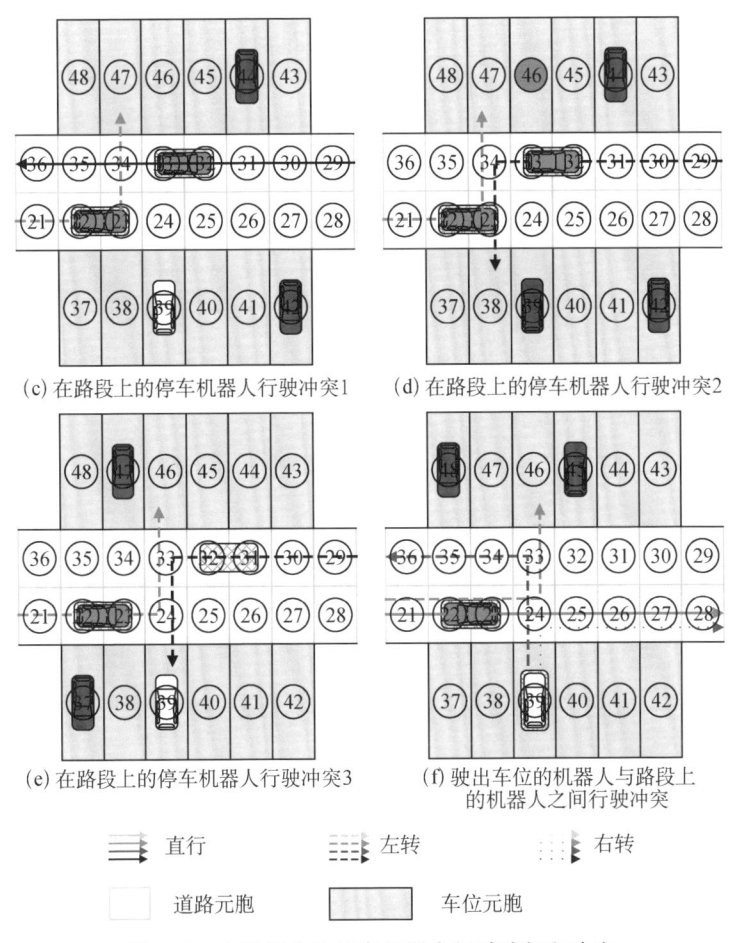

(c) 在路段上的停车机器人行驶冲突1　　(d) 在路段上的停车机器人行驶冲突2

(e) 在路段上的停车机器人行驶冲突3　　(f) 驶出车位的机器人与路段上的机器人之间行驶冲突

图 7-3　在路段上的停车机器人行驶路径和冲突

7.2.2　元胞自动机仿真流程

元胞自动机仿真主要涉及 3 个实体：车辆、停车机器人和处理中心。为了模拟停车机器人分配问题，每个机器人赋予 10 个属性：机器人序号 ID、空间位置 F、目的地 D、行驶速度 V、载运标志 C、最短路径 S、开始驶向目标车辆所在位置的时间 T_1、到达目标车辆所在位置的时间 T_2、从目标车辆所在位置出发驶向目的地的时间 T_3、到达目的地的时间 T_4。同样，每辆车也赋予 7 个属性：车辆序号 ID、空间位置 P、停车时长 G、到达停车场入口的时

间 T_1、驶入停车场的时间 T_2、试图离开车位的时间 T_3、开始驶离车位的时间 T_4。图 7-4 展示了元胞自动机仿真流程。

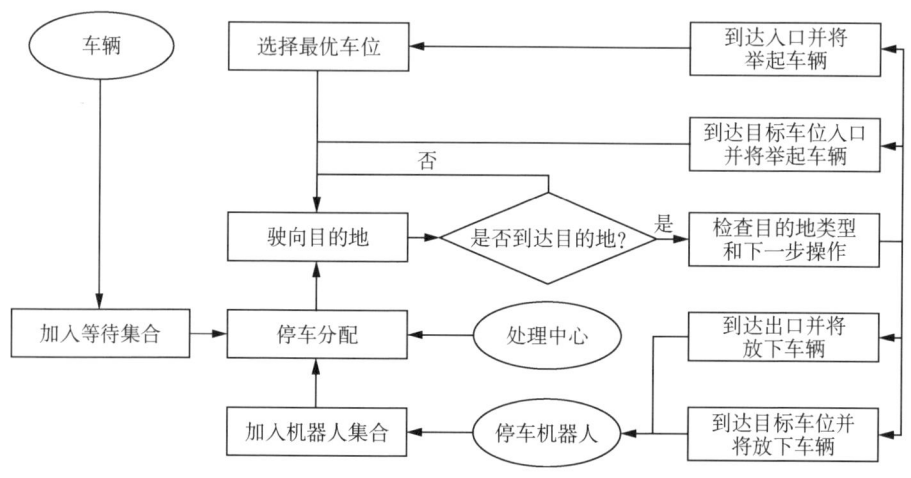

图 7-4　元胞自动机仿真流程图

步骤 0：初始化。当前迭代次数设为 $m=1$，最大迭代次数设为 $M=86\,400$，仿真步长为 1 s，机器人平均行驶速度设为自由流速度。然后，引入 6 个集合 W、Φ、O、N、Q 和 Υ，分别用来记录车辆到达等待时间、车辆离开等待时间、机器人空驶时间、机器人满载时间、车辆到达排队长度和车辆离开排队长度。将停车机器人加入机器人集合并初始化载运标志为 $C=0$ 和空间位置 F 在停车场入口处。

步骤 1：车辆到达停车场入口或试图离开车位。对于到达停车场入口的车辆，到达停车场入口的时间更新为 $T_1=m$。对于试图离开车位的车辆，试图驶离车位的时间更新为 $T_3=m$。然后，将这些车辆都加入等待集合。

步骤 2：停车分配。首先，对于机器人集合中的停车机器人，按照一阶段或两阶段分配模型分配最优车辆。然后，机器人开始驶向目标车辆所在位置的时间更新为 $\Gamma_1=m$，目的地 D 更新为目标车辆所在位置，最短路径 S 按照 Dijkstra 算法[119]计算，并将这些停车机器人从机器人集合中移除。最后，将目标车辆也从等待集合中移除。

步骤 3：停车机器人驶向目的地。按照 NaSch[123] 和 SCLL[122] 规则分别更新机器人的行驶速度 V 和空间位置 F。

步骤 4：检查机器人是否到达目的地。如果是，检查目的地类型和下一步操作；否则，机器人继续驶向目的地。如果机器人到达停车场入口并将举起车辆，载运标志更新为 $C=1$，从目标车辆所在位置出发驶向目的地的时间更新为 $\Gamma_3=m$。对于相应的目标车辆，驶入停车场的时间更新为 $T_2=m$，将 T_2-T_1 加入集合 W，并为目标车辆选择一个最优车位。如果机器人到达目标车位并将举起车辆，载运标志更新为 $C=1$。对于相应的目标车辆，开始驶离车位的时间更新为 $T_4=m$，将 T_4-T_3 加入集合 Φ。如果车辆到达目的地并将放下车辆，载运标志更新为 $C=0$，到达目的地的时间更新为 $\Gamma_4=m$，将 $\Gamma_2-\Gamma_1$ 和 $\Gamma_4-\Gamma_3$ 分别加入集合 O 和 N。

步骤 5：终止规则。如果当前迭代次数达到最大迭代次数，即 $m=M$，则终止迭代；否则，将停车场入口处排队长度加入集合 Q，将车位处排队长度加入集合 Υ，令 $m=m+1$，返回步骤 1。

7.3 停车机器人系统分配优化案例

为了验证两阶段分配模型的有效性，采用上海市某校园停车场作为案例。图 7-5 展示了该校园停车场布局：拥有 3 个出入口、728 个道路元胞、405 个车位元胞。假设每个停车场入口容量（允许排队长度）都为 10 辆车，该停车场 3 个入口总容量为 30 辆车。如果所有入口都达到饱和状态，那么驾驶员将会驶离这个停车场。此外，仿真间隔为 1 s，最大仿真次数设为 86 400 s，也就是始于 0:00 的一天，共计 24 h。

假设所有驾驶员都遵守停车分配结果，能够接受在停车场入口处等待较长时间。假设车辆到达率和停车时长分布符合文献[120]，如图 7-6 所示。停车时长在 300 s 至 60 000 s（5 min 至 1 000 min），累计密度从 0 至 1。对于每一辆车，停车时长由从均匀分布(0, 1)获得的随机数确定。例如，随机数(如 0.3)大于累计密度 0.299 974(对应停车时长为 3 945 s)，但是小于累计密度 0.300 004(对应停车时长为 3 946 s)，则该车辆的停车时长取值为 3 946 s。

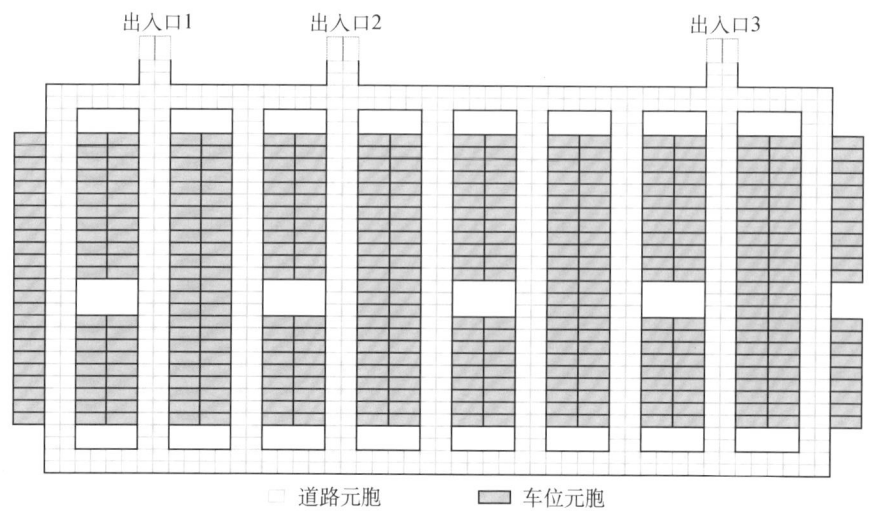

图 7-5　上海市某校园停车场布局

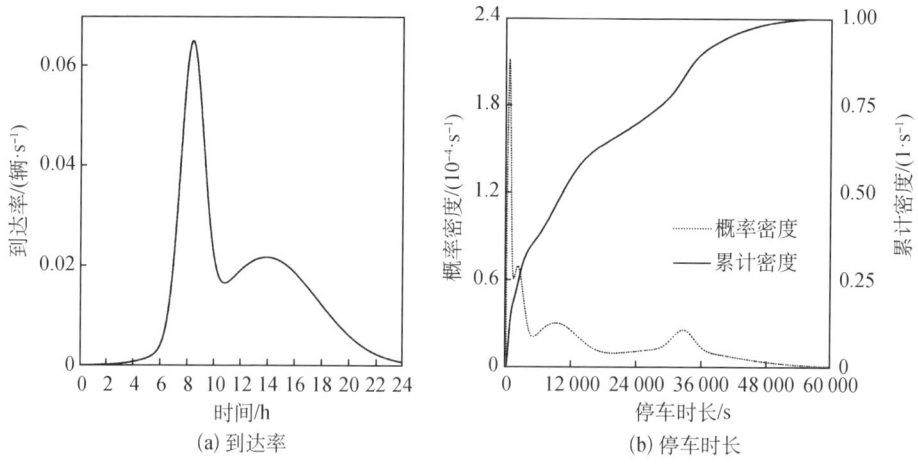

(a) 到达率　　　(b) 停车时长

图 7-6　车辆到达率和停车时长分布

采用元胞自动机模型进行仿真，得到的停车场利用率如图 7-7 所示。停车机器人总数显著影响停车场利用率：$O_1 \sim O_6$ 分别为在一阶段分配模型下配置 1~6 个机器人得到的停车场利用率，而 $T_1 \sim T_6$ 分别为在两阶段分配模型下配置 1~6 个机器人得到的停车场利用率。O_1 和 T_1 说明配置一个机器人容易导致停车场利用率较低，因此舍弃只配置一个停车机器人的方案。

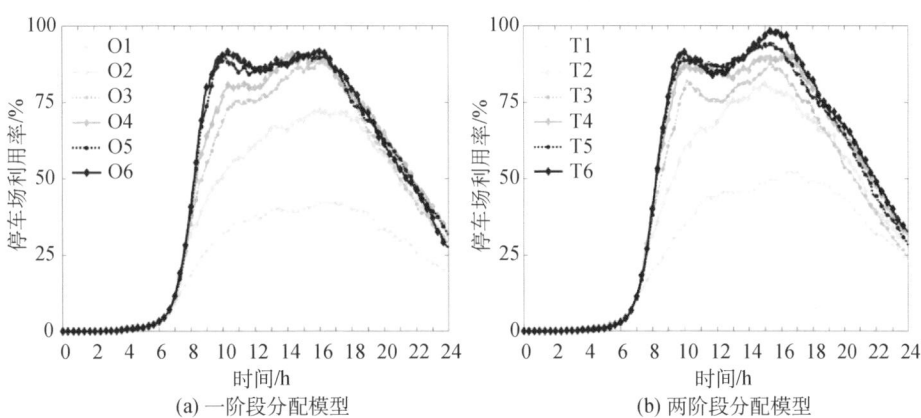

图 7-7 两种分配模型下配置不同数量机器人得到的停车场利用率变化

图 7-8 展示了两种分配模型下配置不同数量机器人得到的车辆排队长度：OE 和 OD 分别为一阶段模型得到的车辆到达和离开排队长度；TE 和 TD 分别为两阶段模型得到的车辆到达和离开排队长度。两阶段分配模型获得的车辆到达和离开排队长度均低于一阶段模型。为了保持合理的排队长度（例如，最多 10 辆车），两阶段分配模型需要配置 5 个或 6 个机器人，而一阶段分配模型至少需要配置 6 个机器人，即相较于一阶段分配模型，两阶段分配模型更能有效降低车辆排队长度和机器人数量。因此，需要舍弃配置 2~4 个机器人的方案。

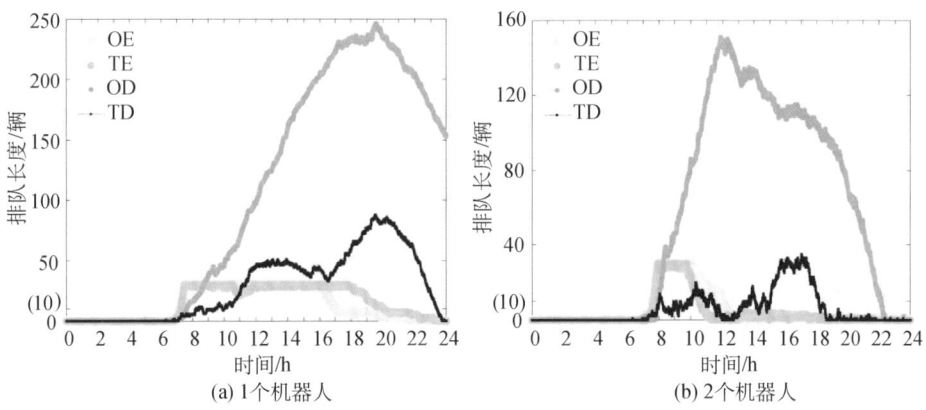

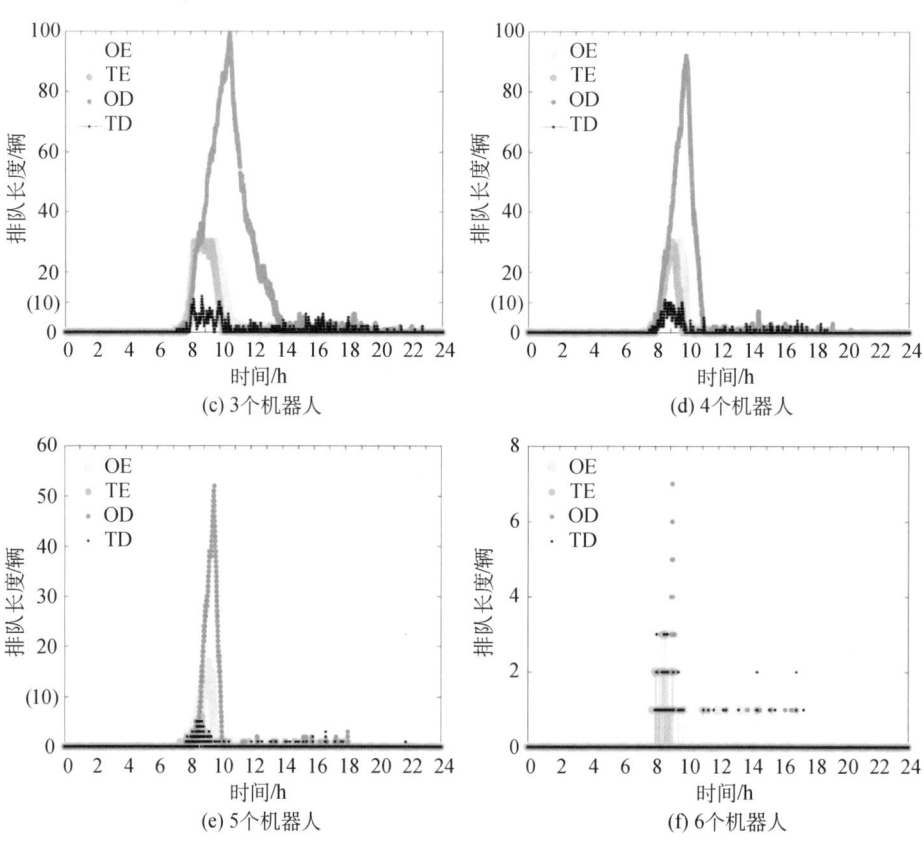

图 7-8 两种分配模型下配置不同数量机器人得到的排队长度

对于配置 5 个或 6 个机器人的备选方案，共进行 5 次仿真得到的结果如表 7-1 和表 7-2 所示。表 7-1 展示了两种分配模型下配置不同数量机器人得到的车辆等待时间：OW 和 OR 分别为从一阶段分配模型获得的车辆到达和离开等待时间，TW 和 TR 分别为从两阶段分配模型获得的车辆到达和离开等待时间。相较于一阶段分配模型，两阶段分配模型获得的车辆等待时间多数统计指标得到降低，特别是最大值和标准差至少降低了 18.38% 和 3.11%。因此，两阶段分配模型能够有效减少车辆在入口处的到达等待时间以及在车位上的离开等待时间。

表 7-1 两种分配模型下配置不同数量机器人得到的车辆等待时间

机器人数量	统计指标	最小值	最大值	平均值	中位数	标准差
5	OW/s	0	1 801	94.52	38	193.65
	TW/s	0	312	33.04	27	26.56
	PW/%	—	82.68	65.04	28.95	86.28
	OR/s	0	4454	160.60	22	570.15
	TR/s	0	1291	29.31	21	50.39
	PR/%	—	71.01	81.75	4.55	91.16
6	OW/s	0	401	24.37	21	21.15
	TW/s	0	183	22.68	20	15.42
	PW/%	—	54.36	6.93	4.76	27.09
	OR/s	0	272	20.50	18	15.77
	TR/s	0	222	20.53	18	15.28
	PR/%	—	18.38	−0.15	0	3.11

注：PW为相较于一阶段分配模型，两阶段分配模型降低车辆到达等待时间的幅度；PR为相较于一阶段分配模型，两阶段分配模型降低车辆离开等待时间的幅度。

表 7-2 展示了两种分配模型下配置不同数量机器人得到的机器人行驶时间：OY 和 OL 分别为从一阶段分配模型得到的机器人空载和满载行驶时间，TY 和 TL 分别为从两阶段分配模型得到的机器人空载和满载行驶时间。相较于一阶段分配模型，两阶段分配模型得到的机器人行驶时间最大值、平均值和中位数得到一定程度的降低。因此，两阶段分配模型不仅可以减少车辆排队长度和等待时间，还能够减少机器人行驶时间。

表 7-2 两种分配模型下配置不同数量机器人得到的机器人行驶时间

机器人数量	统计指标	最小值	最大值	平均值	中位数	标准差
5	OY/s	3	58	22.24	20	10.57
	TY/s	3	60	20.64	19	9.74
	PY/%	0	−3.45	7.19	5.00	7.85
	OL/s	7	56	19.42	17	9.04

（续表）

机器人数量	统计指标	最小值	最大值	平均值	中位数	标准差
5	TL/s	7	45	17.18	17	4.99
	PL/%	0	19.64	11.53	0	44.80
6	OY/s	3	58	20.01	19	9.5
	TY/s	3	60	19.75	19	9.42
	PY/%	0	−3.45	1.30	0	0.84
	OL/s	7	47	17.46	17	5.53
	TL/s	7	47	17.67	17	6.01
	PL/%	0	0	−1.20	0	−8.68

注：PY 为相较于一阶段分配模型，两阶段分配模型降低机器人空驶时间的幅度；PL 为相较于一阶段分配模型，两阶段分配模型降低机器人满载行驶时间的幅度。

接下来，与人工停车场相比，分析停车机器人系统的成本效益。在人工停车场中，由于存在一部分驾驶员停车技术不够娴熟而无法将车辆停放在狭窄车位中，因此需要提供代客泊车服务。此外，还可能需要额外员工来引导或管理停放在车位中的车辆，避免车辆侵占相邻车位。假设员工从第 1 年至第 5 年的平均月薪为 8 000 元，从第 6 年至第 10 年的平均月薪为 10 000 元。假设贴现率为每月 0.5%，一名和两名员工的 10 年工资现值分别为 797 283 元和 1 594 566 元。对于停车机器人系统，其成本主要包括停车机器人的购置费和电费，假设停车机器人的报废价值（在预期寿命 10 年结束时）等于 10 年的维护成本。每个停车机器人的额定功率设为 3 kW。鉴于停车机器人的采购价格无法精确获得，对其效益分析如下：

$$\rho = \frac{\xi - \theta}{\eta} \qquad (7.10)$$

式中　ρ——一个停车机器人购买成本的临界值；

ξ——所有员工 10 年工资的现值；

θ——10 年电费的现值；

η——停车场内配置的停车机器人总数。

为了保证排队长度适当和绿色节能，运行中的停车机器人数量(从图 7-8 中获得)为：0:00—7:00，1 个停车机器人；7:01—8:00，3 个停车机器人；8:01—10:00，5 个停车机器人；10:01—19:00，3 个停车机器人；19:01—23:59，2 个停车机器人。因此，假设每千瓦时电费为 1 元，10 年电费（按月支付）的现值为 468 388 元。与一名员工的方案相比，如果平均购置成本不超过 65 779 元，那么停车机器人系统是有优势的；而与两名员工的方案相比，能够盈利的平均购置成本最高可达 225 236 元。假设停车机器人的平均购置成本为 15 万元，与两名员工方案相比，每年节省的运营成本现值为 37 618 元。然而，这里的停车机器人系统节约的运营成本没有考虑增加停车场容量、避免停车困难以及降低安全和健康危害带来的收益。未来，随着停车机器人投入大规模商业运营，平均购置成本可能会显著降低。或者，人工成本逐渐增加也会显著提升停车机器人系统节省的运营成本。此外，在没有足够空间打开车门的狭窄车位中，特别是在空间有限的停车场中配置或增加大量车位时，就无法提供人工代客泊车服务，因此更加需要停车机器人系统。

参考文献

[1] JI Y, GUO W, BLYTHE P, et al. Understanding drivers' perspective on parking guidance information [J]. IET Intelligent Transport Systems, 2014, 8 (4): 398-406.

[2] 2020年上海市综合交通运行年报 [R]. 上海: 上海市城乡建设和交通发展研究院, 2020.

[3] BROADDUS A. No such thing as a free spot: Pricing as a demand management strategy for parking [C] // The 88th Annual Meeting of Transportation Research Board (TRB). USA, Washington D. C., 2009.

[4] ERHARDT G, KURTH D, SABINA E, et al. Market-based framework for forecasting parking cost in traditional and microsimulation modeling applications [J]. Transportation Research Record: Journal of the Transportation Research Board, 2005, 1921: 79-88.

[5] BARONE R E, GIUFFRÈ T, SINISCALCHI S M, et al. Architecture for parking management in smart cities [J]. IET Intelligent Transport Systems, 2014, 8 (5): 445-452.

[6] TSAI M T, CHU C P. Evaluating parking reservation policy in urban areas: An environmental perspective [J]. Transportation Research Part D: Transport and Environment, 2012, 17 (2): 145-148.

[7] VAN OMMEREN J N, WENTINK D, RIETVELD P. Empirical evidence on cruising for parking [J]. Transportation Research Part A: Policy and Practice, 2012, 46 (1): 123-130.

[8] ARNOTT R, RAVE T, SCHÖB R. Alleviating Urban Traffic Congestion [M]. Cambridge: MIT Press, 2005.

[9] SHOUP D C. The high cost of free parking [J]. Journal of Planning Education and Research, 1997, 17 (1): 3-20.

[10] LAM W H K, LI Z C, HUANG H J, et al. Modeling time-dependent travel choice problems in road networks with multiple user classes and multiple parking facilities [J]. Transportation Research Part B: Methodological, 2006, 40 (5): 368-395.

[11] DAVE S M, JOSHI G J, RAVINDER K, et al. Data monitoring for the assessment of on-street parking demand in CBD areas of developing countries [J]. Transportation Research Part A: Policy and Practice, 2019, 126: 152-171.

[12] SHAABAN K, PANDE A. Classification tree analysis of factors affecting parking choices in Qatar [J]. Case Studies on Transport Policy, 2016, 4 (2): 88-95.

[13] WONG S C, TONG C O, LAM W C H, et al. Development of parking demand models in Hong Kong [J]. Journal of Urban Planning and Development, 2000, 126 (2): 55-74.

[14] MARSDEN G. The evidence base for parking policies—a review [J]. Transport Policy, 2006, 13 (6): 447-457.

[15] 杨兆升, 陈晓冬. 智能化停车诱导系统有效停车泊位数据的预测技术研究 [J]. 交通运输系统工程与信息, 2003, 3 (4): 12-15.

[16] GIUFFRÈ T, SINISCALCHI S M, TESORIERE G. A novel architecture of parking management for smart cities [J]. Procedia-Social and Behavioral Sciences, 2012, 53: 16-28.

[17] 杜刚诚, 杨锐烁, 张海霞. 广州市老城区停车困境及治理策略 [J]. 城市交通, 2023, 21 (4): 9-16.

[18] 魏文术. 经济平衡法在加快推进公共停车场建设中的应用研究 [J]. 交通

与运输，2014，30（A01）：72-74.

[19] SHIFTAN Y，BURD-EDEN R. Modeling response to parking policy [J]. Transportation Research Record：Journal of the Transportation Research Board，2001，1765：27-34.

[20] 张宝玉. 信息化城市停车诱导关键技术与应用研究 [D]. 上海：同济大学，2008.

[21] JIN M，GUO W. EZM-parking system [J]. Transportation Research Record：Journal of the Transportation Research Board，2006，1944：67-71.

[22] POLAK J W，HILTON I C，AXHAUSEN K W，et al. Parking guidance and information systems：Performance and capability [J]. Traffic Engineering and Control，1990，31（10）：519-524.

[23] ARNOTT R，INCI E. The stability of downtown parking and traffic congestion [J]. Journal of Urban Economics，2010，68（3）：260-276.

[24] CAICEDO F，ROBUSTE F，LOPEZ-PITA A. Parking management and modeling of car park patron behavior in underground facilities [J]. Transportation Research Record：Journal of the Transportation Research Board，2006，1956：60-67.

[25] LI Z C，HUANG H J，LAM W H K. Modelling heterogeneous drivers' responses to route guidance and parking information systems in stochastic and time-dependent networks [J]. Transportmetrica，2012，8（2）：105-129.

[26] CHATTERJEE K，HOUNSELL N B，FIRMIN P E，et al. Driver response to variable message sign information in London [J]. Transportation Research Part C：Emerging Technologies，2002，10（2）：149-169.

[27] 陈峻，刘平，王炜. 出行途中城市停车诱导信息系统调查——以南京市为例 [J]. 城市交通，2006，4（6）：79-83.

[28] CHOI J, PARK D. Transportation issues in metropolitan areas [J]. Journal of Advanced Transportation, 2011, 45 (3): 159-160.

[29] JI Y, TANG D, BLYTHE P, et al. Short-term forecasting of available parking space using wavelet neural network model [J]. IET Intelligent Transport Systems, 2015, 9 (2): 202-209.

[30] WU E H K, SAHOO J, LIU C Y, et al. Agile urban parking recommendation service for intelligent vehicular guiding system [J]. IEEE Intelligent Transportation Systems Magazine, 2014, 6 (1): 35-49.

[31] ZOU W, SUN Y, ZHOU Y, et al. Limited sensing and deep data mining: A new exploration of developing city-wide parking guidance systems [J]. IEEE Intelligent Transportation Systems Magazine, 2020, 14 (1): 198-215.

[32] ZHAO C, LIAO F, LI X, et al. Macroscopic modeling and dynamic control of on-street cruising-for-parking of autonomous vehicles in a multi-region urban road network [J]. Transportation Research Part C: Emerging Technologies, 2021, 128: 103176.

[33] GALLO M, D'ACIERNO L, MONTELLA B. A multilayer model to simulate cruising for parking in urban areas [J]. Transport Policy, 2011 (5): 735-744.

[34] SCHLOTE A, KING C, CRISOSTOMI E, et al. Delay-tolerant stochastic algorithms for parking space assignment [J]. IEEE Transactions on Intelligent Transportation Systems, 2014, 15 (5): 1922-1935.

[35] 胡光明. CBD 路外停车场（库）的多目标规划 [J]. 武汉城市建设学院学报, 1992, 9 (1-2): 35-43.

[36] 崔华芳, 王红林. 城市停车场规划中渐进优化选址技术研究 [J]. 西安建筑科技大学学报, 2001, 33 (1): 39-45.

[37] 成峰, 莫一魁. 城市中心区停车泊位供应分析 [J]. 交通与运输, 2005:

69-72.

[38] 陈峻,刘东,陈学武,等. 城市停车设施选址模型与遗传算法设计 [J]. 中国公路学报,2001,14 (1):85-88.

[39] 吴素丽,冷杰,王亚,等. 大城市社会公共停车场选址规划模型研究 [J]. 交通科技,2005 (1):80-82.

[40] 郭涛,杨涛. 基于GA的公共停车场选址模型研究 [J]. 交通运输工程与信息学报,2006 (1):95-98.

[41] 么卫良,李杰,李宏. 利用遗传算法求解公共停车场多目标选址模型 [J]. 华中科技大学学报,2006,23 (1):67-69.

[42] 夏晓梅,何继平,范炳全. 停车设施选址的双层规划模型 [J]. 数学的实践与认识,2011,41 (7):23-29.

[43] 黎冬平,陈峻. 城市停车诱导信息板的选址优化研究 [C] // 第六届交通运输领域国际学术会议. 中国,大连,2006.

[44] ZHANG B Y, YAN K F, ZHOU X T. Optimization of selecting PGI sign locations based on parking guidance behavior survey [C] // The 1st International Conference on Transportation Engineering (ICTE). China,Chengdu,2007.

[45] CHEN Q, SHI F. Locating of variable message signs in parking guidance systems [J]. Proceedings of the ICE-Transport,2010,163 (3):111-118.

[46] JI Y J, DENG W, WANG W. A planning model for determining optimal locations of parking guidance sign boards based on utility maximization [C] // The 11th International Conference of Chinese Transportation Professionals (ICCTP). China,Nanjing,2011.

[47] WATERSON B J, HOUNSELL N B, CHATTERJEE K. Quantifying the potential savings in travel time resulting from parking guidance systems—a simulation case study [J]. Journal of the Operational Research Society,2001,52 (10):1067-1077.

[48] THOMPSON R G, TAKADA K, KOBAYAKAWA S. Optimisation of parking guidance and information systems display configurations [J]. Transportation Research Part C: Emerging Technologies, 2001, 9 (1): 69-85.

[49] MEI Z Y, TIAN Y. Optimized combination model and algorithm of parking guidance information configuration [J]. EURASIP Journal on Wireless Communications and Networking, 2011, 104: 1-9.

[50] CAICEDO F. The use of space availability information in "PARC" systems to reduce search times in parking facilities [J]. Transportation Research Part C: Emerging Technologies, 2009, 17 (1): 56-68.

[51] 陈峻, 周智勇, 王炜. 不对等信息显示的城市停车预调度方法 [J]. 中国公路学报, 2006, 19 (4): 103-108.

[52] LI D P, YAN K F, CUI X T. Study of the parking guidance reliability of urban parking variable message signs [C] // The 9th International Conference of Chinese Transportation Professionals (ICCTP). China, Harbin, 2009.

[53] MEI Z, TIAN Y, LI D. Analysis of parking reliability guidance of urban parking variable message sign system [J]. Mathematical Problems in Engineering, 2012: 128379.

[54] SHIN J H, JUN H B. A study on smart parking guidance algorithm [J]. Transportation Research Part C: Emerging Technologies, 2014, 44: 299-317.

[55] TASSERON G, MARTENS K. Urban parking space reservation through bottom-up information provision: An agent-based analysis [J]. Computers, Environment and Urban Systems, 2017, 64: 30-41.

[56] NI X Y, SUN D J. Agent-based modelling and simulation to assess the impact of parking reservation system [J]. Journal of Advanced Transportation, 2017: 2576094.

[57] MEI Z, FENG C, DING W, et al. Better lucky than rich? Comparative analysis of parking reservation and parking charge [J]. Transport Policy, 2019, 75: 47-56.

[58] YANG H, LIU W, WANG X, et al. On the morning commute problem with bottleneck congestion and parking space constraints [J]. Transportation Research Part B: Methodological, 2013, 58: 106-118.

[59] LIU W, YANG H, YIN Y. Expirable parking reservations for managing morning commute with parking space constraints [J]. Transportation Research Part C: Emerging Technologies, 2014, 44: 185-201.

[60] WU W, LIU W, ZANG F, et al. A new flexible parking reservation scheme for the morning commute under limited parking supplies [J]. Networks and Spatial Economics, 2021, 21 (3): 513-545.

[61] 杨庆芳, 杨兆升, 胡娟娟. 停车泊位预定技术研究 [J]. 公路交通科技, 2006, 23 (12): 123-127.

[62] 陈群, 史峰, 姚加林, 等. 区域内停车场停车量分配优化 [J]. 西南交通大学学报, 2009, 44 (2): 280-283.

[63] GENG Y, CASSANDRAS C G. New "smart parking" system based on resource allocation and reservations [J]. IEEE Transactions on Intelligent Transportation Systems, 2013, 14 (3): 1129-1139.

[64] LEVIN M W. Linear program for system optimal parking reservation assignment [J]. Journal of Transportation Engineering, Part A: Systems, 2019, 145 (12): 1-10.

[65] ZOU B, KAFLE N, WOLFSON O, et al. A mechanism design based approach to solving parking slot assignment in the information era [J]. Transportation Research Part B: Methodological, 2015, 81: 631-653.

[66] WANG Y, CHEN Q. Dynamic parking allocation model in a multidestination multiple parking lot system [J]. IEEE Intelligent Transportation Systems Magazine, 2022, 14 (5): 195-208.

[67] CHEN Y, WANG T, YAN X, et al. An ensemble optimization strategy for dynamic parking-space allocation [J]. IEEE Intelligent Transportation Systems Magazine, 2022, 15 (1): 347-362.

[68] TEODOROVIC D, LUCIC P. Intelligent parking systems [J]. European Journal of Operational Research, 2006, 175 (3): 1666-1681.

[69] SHAO C, YANG H, ZHANG Y, et al. A simple reservation and allocation model of shared parking lots [J]. Transportation Research Part C: Emerging Technologies, 2016, 71: 303-312.

[70] CHEN Z, YIN Y, He F, et al. Parking reservation for managing downtown curbside parking [J]. Transportation Research Record: Journal of the Transportation Research Board, 2015, 2498 (1): 12-18.

[71] KOTBAMIR O, SHEN Y C, ZHU X, et al. iParker—A new smart car-parking system based on dynamic resource allocation and pricing [J]. IEEE Transactions on Intelligent Transportation Systems, 2016, 17 (9): 2637-2647.

[72] LEI C, OUYANG Y. Dynamic pricing and reservation for intelligent urban parking management [J]. Transportation Research Part C: Emerging Technologies, 2017, 77: 226-244.

[73] TIAN Q, YANG L, WANG C, et al. Dynamic pricing for reservation-based parking system: A revenue management method [J]. Transport Policy, 2018, 71: 36-44.

[74] HASSIJA V, SAXENA V, CHAMOLA V, et al. A parking slot allocation framework based on virtual voting and adaptive pricing algorithm [J]. IEEE Transactions on Vehicular Technology, 2020, 69 (6): 5945-5957.

[75] XIE Z H, WU X Y, GUO J X, et al. Parking lot allocation model considering conversion between dynamic and static traffic [J]. Journal of Intelligent and Fuzzy Systems, 2021, 41 (4): 5207-5217.

[76] ESTEPA R, ESTEPA A, WIDEBERG J, et al. More effective use of urban space by autonomous double parking [J]. Journal of Advanced Transportation, 2017: 8426946.

[77] KONG Y, LE VINE S, LIU X. Capacity impacts and optimal geometry of automated cars' surface parking facilities [J]. Journal of Advanced Transportation, 2018: 6908717.

[78] SIDDIQUE P J, GUE K R, Usher J S. Puzzle-based parking [J]. Transportation Research Part C: Emerging Technologies, 2021: 103112.

[79] NOURINEJAD M, BAHRAMI S, ROORDA M J. Designing parking facilities for autonomous vehicles [J]. Transportation Research Part B: Methodological, 2018, 109: 110-127.

[80] BAHRAMI S, ROORDA M J. Autonomous vehicle relocation problem in a parking facility [J]. Transportmetrica A: Transport Science, 2020, 16 (3): 1604-1627.

[81] KUTELA B, Das S, Dadashova B. Mining patterns of autonomous vehicle crashes involving vulnerable road users to understand the associated factors [J]. Accident Analysis and Prevention, 2022: 106473.

[82] WEIDINGER F, BOYSEN N, BRISKORN D. Storage assignment with rack-moving mobile robots in KIVA warehouses [J]. Transportation Science, 2018, 52 (6): 1479-1495.

[83] ZHANG J, LI Z, LI L, et al. A bi-level cooperative operation approach for AGV based automated valet parking [J]. Transportation Research Part C: Emerging Technologies, 2021: 103140.

[84] CHEN G, HOU J, DONG J, et al. Multi-Objective scheduling strategy with genetic algorithm and time-enhanced A* planning for autonomous parking robotics in high-density unmanned parking lots [J]. IEEE/

ASME Transactions on Mechatronics, 2020, 26 (3): 1547-1557.

[85] 关宏志, 刘兰辉. 大城市商业区停车行为模型——以北京西单地区为例[J]. 土木工程学报, 2003, 36 (1): 46-51.

[86] Institute of Transportation Engineers. Parking Generation [M]. USA, Washington D. C., 1987.

[87] 关宏志, 刘小明. 停车场规划设计与管理 [M]. 北京: 人民交通出版社, 2003.

[88] LEVINSON H S, PRATT C O. Estimating downtown parking demands: A land-use approach [J]. Transportation Research Record: Journal of the Transportation Research Board, 1984 (957): 63-66.

[89] 晏克非. 上海市车辆停放问题综合研究报告 [R]. 上海: 同济大学, 1997.

[90] 陈峻, 王炜, 晏克非. 城市停车设施需求预测研究 [J]. 东南大学学报: 自然科学版, 1999, 29 (B11): 121-126.

[91] SHIRGAOKAR M, DEAKIN E. Study of park-and-ride facilities and their use in the San Francisco Bay Area of California [J]. Transportation Research Record: Journal of the Transportation Research Board, 2005, 1927 (1): 46-54.

[92] 林湛, 四兵锋, 胡卉, 等. 基于均衡流量的城市停车费用优化模型 [J]. 交通运输工程学报, 2014, 14 (5): 82-89.

[93] YANG H, GAN L, TANG W H C. Determing cordons and screen lines for origin-destination trip studies [J]. The 4th Eastern Asia Society for Transportation Studies, 2001.

[94] THOMPSON R G, RICHARDSON A J. A parking search model [J]. Transportation Research Part A: Policy and Practice, 1998, 32 (3): 159-170.

[95] SPENCER M E, WEST J. Parking guidance system: San Jose, California [J]. Transportation Research Record: Journal of the

Transportation Research Board,2004,1886:34-39.

[96] VAN DER WAERDEN P,TIMMERMANS H,BARZEELE P. Car drivers' preferences regarding location and contents of parking guidance systems: Stated choice approach [J]. Transportation Research Record: Journal of the Transportation Research Board,2011,2245:63-69.

[97] 张宝玉,周湘霆. 城市停车诱导系统规划设计中诱导分区分级的确定[J]. 交通与运输,2006(B12):69-71.

[98] WEINBERGER R R,KARLIN-RESNICK J. Parking in mixed-use US districts: Oversupplied no matter how you slice the pie [J]. Transportation Research Record: Journal of the Transportation Research Board,2015,2537(1):177-184.

[99] ROGERS J,EMERINE D,HAAS P,et al. Estimating parking utilization in multifamily residential buildings in Washington,DC [J]. Transportation Research Record: Journal of the Transportation Research Board,2016,2568(1):72-82.

[100] WANG,X. Y. Meet Robot Parking Garage in SE China s Nanjing [N]. NetEase News,2017,https://www.163.com/news/article/CSKNCUGG00018AOQ.html.

[101] SRINIVASAN K,KRISHNAMURTHY A. Roles of spatial and temporal factors in variable message sign effectiveness under nonrecurrent congestion [J]. Transportation Research Record: Journal of the Transportation Research Board,2003,1854:124-134.

[102] 王新竹,杨晓芳. 停车诱导系统中VMS信息发布频率研究[J]. 交通与运输,2013,29(H07):75-78.

[103] 葛红,余启壮. 城市商圈停车诱导系统设计与实现[J]. 上海船舶运输科学研究所学报,2015,38(3):74-77.

[104] SHOUP D C. The trouble with minimum parking requirements [J]. Transportation Research Part A: Policy and Practice,1999,33(7):

549-574.

[105] SHOUP D C. Cruising for parking [J]. Transport Policy, 2006, 13 (6): 479-486.

[106] YAN G J, YANG W M, RAWAT D B, et al. SmartParking: A secure and intelligent parking system [J]. IEEE Intelligent Transportation Systems Magazine, 2011, 3 (1): 18-30.

[107] LEURENT F, BOUJNAH H. A user equilibrium, traffic assignment model of network route and parking lot choice, with search circuits and cruising flows [J]. Transportation Research Part C: Emerging Technologies, 2014, 47: 28-46.

[108] 李英. 多Agent系统及其在预测与智能交通系统中的应用 [M]. 上海: 华东理工大学出版社, 2004.

[109] CHALAMISH M, SARNE D, LIN R. Enhancing parking simulations using peer-designed agents [J]. IEEE Transactions on Intelligent Transportation Systems, 2013, 14 (1): 492-498.

[110] GUO L, HUANG S, SADEK A W. A novel agent-based transportation model of a university campus with application to quantifying the environmental cost of parking search [J]. Transportation Research Part A: Policy and Practice, 2013, 50: 86-104.

[111] 张宝玉, 李顺勇. 完整信息下的停车选择行为模型 [J]. 市政技术, 2009, 27 (6): 557-559.

[112] DELL'ORCO M, OTTOMANELLI M, SASSANELLI D. Modelling uncertainty in parking choice behaviour [C] // The 82nd Annual Meeting of the Transportation Research Board (TRB). USA, Washington D. C., 2003.

[113] TSAMBOULAS D A. Parking fare thresholds: A policy tool [J]. Transport Policy, 2001, 8 (2): 115-124.

[114] VAN DER WAERDEN P, TIMMERMANS H, BORGERS A. PAMELA: Parking analysis model for predicting effects in local areas [J]. Transportation Research Record: Journal of the Transportation Research Board, 2002, 1781: 10-18.

[115] LI Z C, HUANG H J, LAM W H K, et al. A model for evaluation of transport policies in multimodal networks with road and parking capacity constraints [J]. Journal of Mathematical Modelling and Algorithms, 2007, 6 (2): 239-257.

[116] SUN Q, WU S. A configurable agent-based crowd model with generic behavior effect representation mechanism [J]. Computer-Aided Civil and Infrastructure Engineering, 2014, 29 (7): 531-545.

[117] MARTENS K, BENENSON I. Evaluating urban parking policies with agent-based model of driver parking behavior [J]. Transportation Research Record: Journal of the Transportation Research Board, 2008, 2046: 37-44.

[118] LI A C Y, NOZICK L, DAVIDSON R, et al. Approximate solution procedure for dynamic traffic assignment [J]. Journal of Transportation Engineering, 2012, 139 (8): 822-832.

[119] SHEFFI Y. Urban Transportation Networks: Equilibrium Analysis with Mathematical Programming Methods [M]. New Jersey: Prentice-Hall Inc., 1985.

[120] ZHAO C, LI S, WANG W, et al. Advanced parking space management strategy design: An agent-based simulation optimization approach [J]. Transportation Research Record: Journal of the Transportation Research Board, 2018, 2672 (8): 901-910.

[121] 祝玉学, 赵学龙. 物理系统的元胞自动机模拟 [M]. 北京: 清华大学出版社, 2003.

[122] SHI J, CHENG L, LONG J, et al. A new cellular automaton model

for urban two-way road networks [J]. Computational intelligence and neuroscience, 2014: 685047.

[123] NAGEL K, SCHRECKENBERG M. A cellular automaton model for freeway traffic [J]. Journal Physique I, 1992, 2 (12): 2221-2229.